中华人民共和国人民调解法注解与配套

第六版

中国法制出版社
CHINA LEGAL PUBLISHING HOUSE

图书在版编目（CIP）数据

中华人民共和国人民调解法注解与配套／中国法制出版社编．—北京：中国法制出版社，2023.7（2025.3重印）
（法律注解与配套丛书）
ISBN 978-7-5216-3703-8

Ⅰ.①中… Ⅱ.①中… Ⅲ.①调解（诉讼法）-法律解释-中国 Ⅳ.①D925.05

中国国家版本馆CIP数据核字（2023）第118599号

策划编辑：袁笋冰　　责任编辑：王林林　　封面设计：杨泽江

中华人民共和国人民调解法注解与配套
ZHONGHUA RENMIN GONGHEGUO RENMIN TIAOJIEFA ZHUJIE YU PEITAO

经销/新华书店
印刷/北京虎彩文化传播有限公司
开本/850毫米×1168毫米　32开　　印张/6.75　字数/170千
版次/2023年7月第1版　　2025年3月第3次印刷

中国法制出版社出版
书号ISBN 978-7-5216-3703-8　　定价：21.00元

北京市西城区西便门西里甲16号西便门办公区
邮政编码：100053　　传真：010-63141600
网址：http://www.zgfzs.com　　编辑部电话：010-63141676
市场营销部电话：010-63141612　　印务部电话：010-63141606

出版说明

中国法制出版社一直致力于出版适合大众需求的法律图书。为了帮助读者准确理解与适用法律，我社于2008年9月推出“法律注解与配套丛书”，深受广大读者的认同与喜爱，此后推出的第二、三、四、五版也持续热销。为了更好地服务读者，及时反映国家最新立法动态及法律文件的多次清理结果，我社决定推出“法律注解与配套丛书”（第六版）。

本丛书具有以下特点：

1. 由相关领域的具有丰富实践经验和学术素养的法律专业人士撰写适用导引，对相关法律领域作提纲挈领的说明，重点提示立法动态及适用重点、难点。

2. 对主体法中的重点法条及专业术语进行注解，帮助读者把握立法精神，理解条文含义。

3. 根据司法实践提炼疑难问题，由相关专家运用法律规定及原理进行权威解答。

4. 在主体法律文件之后择要收录与其实施相关的配套规定，便于读者查找、应用。

此外，为了凸显丛书简约、实用的特色，分册根据需要附上实用图表、办事流程等，方便读者查阅使用。

真诚希望本丛书的出版能给您在法律的应用上带来帮助和便利，同时也恳请广大读者对书中存在的不足之处提出批评和建议。

中国法制出版社

2023年7月

适用导引

人民调解制度是我国社会主义法律制度的重要组成部分。2010年8月28日经第十一届全国人民代表大会常务委员会第十六次会议审议通过，2011年1月1日起正式实施的《中华人民共和国人民调解法》（以下简称《人民调解法》），充分肯定了新中国成立以来人民调解工作所取得的成绩，总结吸收了近年来特别是《人民调解委员会组织条例》颁布以后人民调解工作改革、发展、创新所取得的成果和积累的经验，进一步确立了人民调解制度的法律地位和基本框架，对人民调解工作的基本原则、人民调解组织、人民调解员、调解程序、经费保障、调解协议效力等作出了明确规定，为指导人民调解工作，为依法调解矛盾纠纷，提供了坚实的法制保障，对于推动人民调解工作的法制化、制度化、规范化，具有十分重要的意义。

该法共6章35条，主要内容是：

第一，完善了人民调解组织形式

《人民调解法》第7条明确规定："人民调解委员会是依法设立的调解民间纠纷的群众性组织。"

村民委员会和城市居民委员会的人民调解委员会是人民调解工作的组织基础，《人民调解法》除进一步规范村民委员会、居民委员会、企业事业单位的人民调解委员会的设立、组成和推选程序外，还扩大了人民调解组织的设置范围，即规定乡镇、街道以及社会团体或者其他组织根据需要可以参照本法有关规定设立人民调解委员会，调解民间纠纷，从而为各种新型人民调解组织的设置预留了制度空间，可以最大限度地满足调解实践的发展和需求。

第二，明确了人民调解员的范围、条件、行为规范和保障措施

《人民调解法》第13条规定："人民调解员由人民调解委员会委员和人民调解委员会聘任的人员担任。"人民调解员应当由公道正派、热心人民调解工作，并具有一定文化水平、政策水平和法律知识的成年公民担任。县级人民政府司法行政部门应当定期对人民调解员进行业务培训。

人民调解员在调解工作中还应当遵循一定的行为规范。《人民调解法》第15条规定，人民调解员在调解工作中有偏袒一方当事人，侮辱当事人，索取、收受财物或者牟取其他不正当利益以及泄露当事人的个人隐私、商业秘密的行为之一的，由其所在的人民调解委员会给予批评教育、责令改正，情节严重的，由推选或者聘任单位予以罢免或者解聘。

此外，《人民调解法》也强调了对人民调解员的保障。国家鼓励和支持人民调解工作，对有突出贡献的人民调解员按照国家规定给予表彰奖励。同时还规定了人民调解员的误工补贴和在人民调解工作岗位上致伤致残或牺牲的人民调解员及其家属的国家救助和抚恤制度。

第三，强化了人民调解的灵活便利性

人民调解作为一项群众自治活动，应充分体现灵活、便利、不拘形式的特点，尽量避免形式化、程序化。对此，《人民调解法》作了许多相关规定，如人民调解委员会既可以根据当事人的申请进行调解，也可以主动调解；在调解纠纷时，可以根据需要指定一名或数名调解员调解，也可以由当事人选择一名或数名调解员进行调解；人民调解员根据需要，在征得当事人同意后，可以邀请当事人的亲属、邻里、同事等参与调解，也可以邀请具有专门知识、特定经验的人员或者有关社会组织的人员参与调解。同时，《人民调解法》还规定，人民调解员调解民间纠纷，可根据纠纷的不同情况，采取多种方式调解，且调解民间纠纷应当及时、就地进行，防止矛盾激化。

第四，明确了人民调解协议的效力和司法确认制度

《人民调解法》规定，经人民调解委员会调解达成的调解协议，具有法律约束力，当事人应当按照约定履行。经人民调解委员会调解达成调解协议后，当事人之间就调解协议的履行或者调解协议的内容发生争议的，一方当事人可以向人民法院提起诉讼。由于人民调解协议不具有强制执行的效力，一旦义务人拒不履行义务，往往还需重新进入诉讼程序。这不仅增加了当事人的讼累，同时也浪费了大量的司法资源。因此，《人民调解法》规定，经人民调解委员会调解达成调解协议后，双方当事人认为有必要的，可以自调解协议生效之日起30日内共同向人民法院申请司法确认，人民法院应当及时对调解协议进行审查，依法确认调解协议的效力；如确认调解协议有效，则权利人在对方拒绝履行或者未全部履行时可向人民法院申请强制执行。人民法院依法确认调解协议无效的，当事人可以通过人民调解方式变更原调解协议或者达成新的调解协议，也可以向人民法院提起诉讼。

第五，加强了对人民调解工作的指导和保障

为确保人民调解工作正常开展，调动广大人民调解员积极性，落实国家对人民调解工作的支持保障责任，《人民调解法》第6条规定："国家鼓励和支持人民调解工作。县级以上地方人民政府对人民调解工作所需经费应当给予必要的支持和保障，对有突出贡献的人民调解委员会和人民调解员按照国家规定给予表彰奖励。"第12条规定："村民委员会、居民委员会和企业事业单位应当为人民调解委员会开展工作提供办公条件和必要的工作经费。"此外，《人民调解法》第5条还规定："国务院司法行政部门负责指导全国的人民调解工作，县级以上地方人民政府司法行政部门负责指导本行政区域的人民调解工作。基层人民法院对人民调解委员会调解民间纠纷进行业务指导。"

目　　录

中华人民共和国人民调解法

第一章　总　　则

第二章　人民调解委员会

第三章　人民调解员

第四章 调解程序

第五章 调解协议

第六章 附 则

配套法规

附　录

中华人民共和国人民调解法

（2010年8月28日第十一届全国人民代表大会常务委员会第十六次会议通过　2010年8月28日中华人民共和国主席令第34号公布　自2011年1月1日起施行）

目　录

第一章　总　　则

第一条　【立法目的和立法根据】* 为了完善人民调解制度，规范人民调解活动，及时解决民间纠纷，维护社会和谐稳定，根据宪法，制定本法。

注解

本条规定了《人民调解法》的立法目的及立法依据。《人民调解法》共

* 条文主旨为编者所加，下同。

有四个立法目的，分别是完善人民调解制度、规范人民调解活动、及时解决民间纠纷、维护社会和谐稳定。立法依据为国家根本法，即宪法。

配 套

《宪法》第 111 条；《人民调解委员会组织条例》第 1 条；《人民调解工作若干规定》第 1 条

第二条　【人民调解的定义】本法所称人民调解，是指人民调解委员会通过说服、疏导等方法，促使当事人在平等协商基础上自愿达成调解协议，解决民间纠纷的活动。

注 解

本条规定的是人民调解的含义。人民调解是在人民调解委员会主持下的一种群众性、自治性和民间性活动。主要通过人民调解员积极地在矛盾双方当事人之间说服、疏导，帮助其交换意见，并提出解决纠纷的建议，引导当事人自愿达成解决纠纷的协议，最终使矛盾化解的一种调解制度。人民调解的工作范围为民间纠纷。

应 用

1. 人民调解的特征

人民调解具有群众性、自治性和民间性三大特征。根据本法规定，人民调解是在人民调解委员会主持下由当事人平等协商解决自己的矛盾纠纷的自治行为。人民调解委员会是依法设立的调解民间纠纷的群众性组织。人民调解员来自于群众、服务于群众；人民调解坚持平等自愿原则；人民调解程序灵活便捷、不拘形式等，都充分体现了人民调解的群众性、自治性和民间性特征。保持人民调解的这种特征，有利于纠纷当事人自愿选择和接受调解，不妨碍在调解不成时另行行使诉讼权利，从而发挥人民调解在化解矛盾纠纷中的优势和作用。

2. 人民调解与司法调解、行政调解的区别

我国的调解制度主要由人民调解、司法调解和行政调解构成。三种调解都是化解纠纷、调整当事人关系的活动，都需要第三者的主持，以国家的法律、法规和政策为依据，对双方当事人进行说服教育，以期在自愿调解的原

则下解决矛盾、平息纷争，促进社会和谐稳定，维护正常的社会生产活动秩序。但因三种调解属不同的纠纷解决机制，故存在以下几点区别：

首先，调解中的第三方主体不同，即主持人不同。人民调解的主持者是人民调解委员会；司法调解的主持者是国家的审判机关，即人民法院；行政调解的主持者是负有调解职能的国家行政机关。

其次，调解的范围不同。人民调解的范围主要限于民间纠纷；司法调解的范围是法院受理的所有民事案件、刑事自诉案件和行政赔偿案件；行政调解的范围一般仅限于法定的、单一的具体案件，如侵权纠纷、劳动争议、合同纠纷等。

最后，调解的法律地位不同。人民调解和行政调解都是非诉讼的调解活动，当事人对调解协议反悔或调解不成功，均不影响当事人向有管辖权的人民法院提起诉讼或者采用其他方式维护合法权益。而司法调解是一种诉讼程序，是诉讼内调解。对于婚姻案件，诉讼内调解是必经的程序。至于其他民事案件是否进行调解，取决于当事人的意愿，调解不是必经程序。

3. 如何理解人民调解的工作范围

人民调解的工作范围为民间纠纷。人民调解制度自产生以来，调解的范围基本上是公民与公民之间的婚姻、继承、赡养、邻里关系、小额债务、轻微侵权等一般民事纠纷。随着经济社会的发展变化，特别是在目前的社会转型期，人民调解的范围，从纠纷主体到纠纷内容，都有了较大的拓展和变化。比如因土地承包、村务管理、征地拆迁、环境污染、劳资工伤、物业管理、医疗纠纷、催讨欠薪等社会热点、难点等引发的矛盾纠纷不断增多。根据近年的实践，一般认为，凡是发生在公民与公民之间、公民与法人或者其他组织之间，涉及当事人有权处分的人身、财产权益的纠纷，都属于民间纠纷，都可以通过人民调解来处理。但法律、行政法规规定应当由专门机关管辖处理的纠纷或者禁止采用调解方式解决的纠纷除外。这样理解，符合宪法及有关法律对人民调解的规定，也是人民调解区别于其他纠纷解决机制的明显特点。

配套

《民法典》第1079、1132条；《劳动争议调解仲裁法》第5、7条；《城市居民委员会组织法》第3、13条；《人民调解委员会组织条例》第2、5条；《人民调解工作若干规定》第2、3条

第三条　【人民调解工作的基本原则】人民调解委员会调解民间纠纷，应当遵循下列原则：

（一）在当事人自愿、平等的基础上进行调解；

（二）不违背法律、法规和国家政策；

（三）尊重当事人的权利，不得因调解而阻止当事人依法通过仲裁、行政、司法等途径维护自己的权利。

注解

本条规定人民调解的基本原则，即自愿平等原则、合法合理原则、尊重当事人权利原则。落实三项基本原则可保证人民调解工作应民需、得民心、顺民意，亦可保证人民调解工作能健康发展，发挥其应有作用。

应用

4. 人民调解过程中的哪些制度设计体现了“自愿平等原则”

自愿平等原则是人民调解的基础。人民调解应当在当事人自愿、平等的基础上进行。当事人可以接受调解，也可以不接受调解，即使在调解的过程中，当事人也可以拒绝继续调解；当事人可以接受人民调解委员会安排的调解员，也可以自主选择调解员；当事人可以接受调解员提出的调解方案，也可以自行提出调解方案；当事人可以自主选择达成书面协议还是口头协议，等等。可见，《人民调解法》的众多规定均体现了自愿原则。

此外，当事人在调解的过程中享有平等的地位，权利行使平等，义务履行平等，任何人均不享有特权，无论是公民，还是法人或其他组织。如果纠纷不是平等民事主体之间涉及权利义务的争议，或者涉及个人权利与公权力的争议，不可列入人民调解的范畴。并且，人民调解的第三方主体，人民调解委员会，其成员乃由群众推选产生，来自群众，代表群众，服务群众，是与纠纷没有利害关系的、中立的第三方，遵循《人民调解法》规定的行为规范实施调解活动。人民调解员对双方当事人进行合理疏导、耐心说服，使其在平等、自愿的基础上，充分发表自己的意见，主张权利，最终达成一致协议，使矛盾纠纷得到合理解决。

5. 人民调解的依据是什么

民间纠纷的内容主要涉及法律规范调整的范畴，也有许多纠纷涉及道德规范调整的范畴。在法律规范调整的范畴中，又主要是民事权利义务规范。因此，根据本条第（2）项规定，调解民间纠纷不应违背法律、法规和国家政策，即人民调解主要依据法律、法规、规章、国家政策进行。在不违背法律、行政法规设定的强制性规定的前提下，可以依照社会公德、村规民约、公约良俗、行业惯例进行调解。纠纷调解的结果对当事人权利义务的确定，不得违反法律、法规的明确要求，不得侵害公共利益和第三方权益。

6. 如何理解本条规定的“尊重当事人权利原则”

尊重当事人权利原则是人民调解的保障。调解、仲裁、行政或司法途径，都是当事人维护自身合法权益的有效途径，各具优势和特点。选择哪种途径主张权利，维护利益是当事人的权利。运用人民调解，采用说服、协商、疏导等办法，及时解决矛盾纠纷，在预防和减少纠纷，增进团结、促进和谐上发挥了重要、不可替代的基础性作用。但是，这项制度本身的优势建立在尊重当事人权利、自愿、平等的基础上，而不是把人民调解作为所有纠纷的解决机制。这是由人民调解的性质和功能定位决定的，是人民调解获得社会公信力的重要保障。面对纷繁复杂的矛盾纠纷，需要健全完善多种纠纷解决方式有机结合的机制，整合多样资源，既突出人民调解化解矛盾的基础性作用，又畅通其他权利救济渠道的衔接配合，最终达到化解矛盾、维护稳定、促进和谐的目的。

尊重当事人权利原则，也是自愿平等原则的延伸。调解的进行以当事人的自愿为前提，调解的启动、进行以及协议的履行等都取决于当事人的意愿。当事人对调解协议反悔或调解不成功时，当事人还可以向法院提起诉讼或者采用其他方式维护合法权益。《人民调解法》第23条明确规定了当事人接受调解、拒绝调解或者要求终止调解的权利。第26条规定，调解不成的，人民调解员应当终止调解，并依据有关法律、法规的规定，告知当事人可以依法通过仲裁或者行政、司法途径维护自己的权利。人民调解员不得阻挠、干涉当事人依法行使权利，维护权益。

配套

《人民调解委员会组织条例》第6条；《人民调解工作若干规定》第4条

第四条　【人民调解不收费】人民调解委员会调解民间纠纷，不收取任何费用。

注解

本条规定了人民调解的不收费制度。不收费是人民调解的一项基本制度，也是人民调解的一个显著特征。人民调解不收费制度，要求各种类型的人民调解组织、人民调解员和参加调解工作的其他人员，以及这些人民调解组织的设立单位，不得以任何形式向当事人收取或者变相收取任何费用、财物。民间调解委员会调解民间纠纷既不同于社会中介机构的调解，也不同于法院的司法调解和行政机关的行政调解，人民调解具有群众自我管理、自我教育、自我服务的属性，正是这一性质决定了其不收费制度。此外，不收费制度亦是人民调解的根本目的使然。人民调解委员会调解民间纠纷的根本目的不是营利，而是要通过人民调解化解矛盾纠纷，增进人民团结，维护社会秩序。总之，人民调解不收费能够使其更加贴近群众、服务群众，使矛盾纠纷当事人愿意主动申请调解，越早越快地将矛盾化解，避免激化矛盾，从而有力维护社会和谐与稳定。

配套

《人民调解委员会组织条例》第11条；《人民调解工作若干规定》第8条

第五条　【对人民调解工作的指导】 国务院司法行政部门负责指导全国的人民调解工作，县级以上地方人民政府司法行政部门负责指导本行政区域的人民调解工作。

基层人民法院对人民调解委员会调解民间纠纷进行业务指导。

注解

本条是关于对人民调解工作进行指导的规定。明确规定了承担人民调解工作指导职责的机构有二，分别是司法行政部门和人民法院。其中，县级以上各级司法行政部门负责指导本级行政区域内的人民调解工作；基层人民法院负责对人民调解委员会调解民间纠纷进行业务指导，并且承担指导职责的人民法院仅限于基层人民法院。按照《人民法院组织法》的规定，基层人民法院包括县、自治县、不设区的市、市辖区人民法院。需要说明的是，县（区）司法局和基层人民法院也可通过其派出机构即乡镇（街道）司法所和人民法庭来履行相应的指导职责。指导职责的划分情况是：司法行政部门对人民调解工作的指导职责是全面系统的，包括了对人民调解工作组织、队伍、业务、工作等各个方面的指导，基层人民法院对人民调解工作的指导是对人民调解委员会调解民间纠纷的活动进行业务指导。

应用

7. 司法行政部门对人民调解工作的指导

司法行政部门对人民调解工作的指导，就是由县级以上司法行政部门在正确把握人民调解工作科学理论和规律的基础上，按照人民调解工作的法律规范和方针政策，立足于人民调解工作实际情况，对人民调解工作的发展方向做出指示，对人民调解组织建设、队伍建设、业务建设、制度建设等进行指引，对人民调解工作活动进行规范、保护和监督。具体而言：

（1）对人民调解工作的指引和规范。具体包括：①制定相关政策；②加强调查研究；③总结交流经验；④做好人民调解委员会的组织建设、队伍建设、业务建设和制度建设的指导工作。

（2）对人民调解委员会日常工作的指导。主要包括以下内容：①及时解答、处理人民调解委员会或者纠纷当事人就人民调解工作有关问题的请示、咨询和投诉；②应人民调解委员会的请求或者根据需要，协助指导对矛盾纠纷的调解活动，特别是那些比较疑难的纠纷、涉及群众切身利益的热点难点纠纷以及群体性纠纷等；③对人民调解委员会主持达成的调解协议进行检查，发现违背法律、法规、规章、政策和公序良俗的，及时指出并督促人民调解委员会告知当事人，通过合理程序予以改正。

（3）对人民调解员的业务培训。加强业务培训是司法行政机关指导人民调解工作的重要职能。县级司法行政部门，是对人民调解员进行业务培训的主要机关，要按照司法部和省级司法行政机关的要求，结合本地实际，制定完备的人民调解员培训规划，明确培训的目标、任务、人员、内容、方式方法和经费保障等，并精心组织，定期实施，切实提高人民调解员的业务素质和调解能力。

8. 基层人民法院对人民调解工作的指导

对人民调解委员会调解民间纠纷进行业务指导是基层人民法院的法定职责。由于人民法院是国家的审判机关，因此基层人民法院对人民调解工作的指导主要是通过审判活动在业务上给予指导。

（1）通过审理涉及人民调解协议的民事案件进行指导。基层人民法院对人民调解委员会调解民间纠纷进行业务指导的一项重要内容，就是审理涉及人民调解协议的民事案件。经人民调解委员会调解达成调解协议以后，纠纷双方当事人认为有必要的，可以在规定期限内向人民法院申请司法确认，人民法院应当及时对调解协议进行审查，依法确认人民调解协议有效、无效，并通过司法确认工作对人民调解委员会的业务工作进行指导。对人民调解委员会工作中存在的问题，人民法院应当以适当的方式告知主管的司法行政部门和制作调解协议的人民调解委员会，提出相关的意见和建议，以便在今后的调解工作中加以改进。

（2）与司法行政部门密切配合进行指导。加强对人民调解工作的指导，需要基层人民法院通过与司法行政部门进行密切配合，通力合作，共同开展工作。县级司法行政部门和基层司法所，应当主动加强与基层人民法院的联系、配合，及时了解掌握纠纷当事人就人民调解协议向人民法院提起诉讼的情况，以及人民法院依法维护、变更及撤销调解协议的情况，发现人民调解工作及调解协议制作过程中存在的问题，总结经验教训，针对薄弱环节，采取有效措施，进一步改进和提高工作质量。

（3）通过诉讼调解与人民调解有机衔接进行指导。加强对人民调解工作的指导，需要基层人民法院切实采取有效措施，努力实现诉讼调解与人民调解的衔接配合，把指导人民调解工作与审判质量效率评估体系建设结合起来，用制度来引导和激励广大基层法官在实践中努力实现审判活动与非诉讼程序的协调运行。

此外，还需要正确处理好人民调解协议书与人民法院裁判文书的效力衔接，重视发挥诉讼调解程序简便、成本较低、便于执行的优势和人民调解信息灵、反应快、情况明的特点，力求案件处理法律效果和社会效果的有机统一。

配套

《人民调解委员会组织条例》第2条

第六条　【鼓励和支持人民调解工作】国家鼓励和支持人民调解工作。县级以上地方人民政府对人民调解工作所需经费应当给予必要的支持和保障，对有突出贡献的人民调解委员会和人民调解员按照国家规定给予表彰奖励。

注解

本条规定了人民调解的经费保障制度和表彰奖励制度。明确规定经费制度的责任主体为县级以上地方人民政府，其职责是对人民调解工作所需的经费给予必要的支持和保障。表彰奖励制度主要为工作成绩显著或贡献突出的人民调解委员会和人民调解员而设立。

应用

9. 对人民调解工作的经费支持和保障

人民调解经费保障制度是在人民调解不收费制度基础上，结合时代赋予人民调解的重要使命而做出的重要制度创新。该制度的主要内容有：

（1）明确责任主体为县级以上地方人民政府，即县（市、区）、市（地、州）、省（区、市）三级政府，其经费来源性质为地方财政。

（2）明确支持保障内容为人民调解工作经费。《人民调解法》对人民调解工作经费的内容没有作具体规定，按照2007年《财政部、司法部关于进一步加强人民调解工作经费保障的意见》，结合实践，一般认为人民调解工作经费的开支范围应当包括司法行政机关指导人民调解工作的经费、人民调解委员会的补助经费、人民调解员的补贴经费。其中，司法行政机关指导人民调解工作经费包括：人民调解工作宣传经费、培训经费、表彰奖励费等；人民调解委员会补助经费是指对人民调解委员会购置办公文具、文书档案和纸张等的补助费；人民调解员补贴经费是指发放给被司法行政部门正式聘请的人民调解员调解纠纷的生活补贴费。

（3）县级以上地方人民政府对人民调解工作经费的职责是给予必要的支持和保障。支持是基本的要求；保障是一项硬性责任，即地方政府必须拨付人民调解工作所需经费，以确保人民调解工作顺利开展；支持和保障以必要为限度。

（4）人民调解工作经费保障的具体办法主要是：①各级司法行政机关指导人民调解工作的经费列入同级财政预算；②为支持人民调解委员会和人民调解员的工作，地方财政可根据当地经济社会发展水平和财力状况，适当安排人民调解委员会补助经费和人民调解员补贴经费。乡镇（街道）、村

(居）委会、企事业单位等设立人民调解委员会和人民调解员的机构应继续在各方面对其提供支持；③人民调解委员会补助经费、人民调解员补贴经费的安排和发放应考虑每个人民调解委员会及调解员调解纠纷的数量、质量和纠纷的难易程度、社会影响大小以及调解的规范化程度。补助和补贴经费可由县级司法行政部门商同级财政部门确定。

10. 对人民调解委员会和人民调解员的表彰和奖励

《人民调解法》对有突出贡献的人民调解委员会和人民调解员设置了表彰奖励制度。对于人民调解员来说，因工作成绩显著或贡献突出而受到表彰和奖励，不仅是一种荣誉，也是一项权利。正确理解人民调解的表彰奖励制度，需注意以下几点：

（1）表彰奖励的主体是县级以上地方人民政府，即县（市、区）、市（地、州）、省（区、市）三级政府，其表彰性质属于政府表彰。

（2）表彰奖励的对象是有突出贡献的人民调解委员会和人民调解员。既包括本法所规定的村民委员会、居民委员会、乡镇、街道、企业事业单位、社会团体、其他组织等各种类型的人民调解组织，也包括了专、兼职在内的各类人民调解员。

（3）表彰奖励的条件是做出突出贡献。对突出贡献的理解应当结合本行政区域内的矛盾纠纷情况、人民调解工作效果等具体确定，一般应从调解纠纷情况、防止民间纠纷激化情况、挽回人身财产损失情况、开展法制宣传教育情况等方面加以考量。

（4）表彰奖励的形式既可以是授予荣誉称号，也可以给予物质奖励，只要符合国家有关表彰奖励的规定即可。

配套

《人民调解工作若干规定》第41-42条；《人民调解委员会及调解员奖励办法》；《财政部、司法部关于进一步加强人民调解工作经费保障的意见》

第二章　人民调解委员会

第七条　【人民调解委员会的性质】 人民调解委员会是依法设立的调解民间纠纷的群众性组织。

注解

本条规定的是人民调解委员会的性质，即群众性组织。其本质是让人民群众组织起来，自己管理自己的事情，是人民群众自我管理、自我教育、自我服务的组织形式。除了本法第8条规定的村民委员会、居民委员员及企业事业单位所设立的三种典型人民调解委员会外，附则第34条还为建立新型人民调解委员会预留了空间，即规定乡镇、街道以及社会团体或者其他组织根据需要可以参照本法有关规定设立人民调解委员会。

应用

11. 人民调解委员会的群众性体现在哪些方面

人民调解委员会的群众性，主要体现在以下几个方面：①人民调解委员会是群众自治的组织。人民调解委员会的委员由群众推选产生，人民调解委员会根据需要依照法定条件从群众中聘任其他人民调解员。②人民调解的工作范围是民间纠纷，主要是公民之间、公民与法人或者其他组织之间发生的涉及人身、财产权益的民事纠纷。③人民调解员与纠纷当事人地位平等。④人民调解不具有行政或司法等国家强制力的属性。人民调解协议的履行，主要依靠人民调解的公信力以及道德、舆论的约束力，由当事人自觉履行。人民调解协议在未通过司法确认之前不具有强制执行的效力。

12. 新型人民调解委员会的性质

本法附则规定了乡镇、街道以及社会团体或者其他组织根据需要可以参照本法有关规定设立人民调解委员会。如依托集贸市场、旅游区、开发区设立的人民调解组织和基层工会、妇联、残联、消协等群众团体、行业组织等设立的人民调解组织，这些新型的人民调解组织形式是近年来顺应实践的需要逐渐发展起来的，但它们在本质上仍然是群众性组织，具有群众性、自治性和民间性的本质特征。

13. 如何理解人民调解委员会应当依法设立

人民调解委员会应当依法设立。具体包含以下几层含义：①设立主体应当符合法律规定，主要包括村民委员会、居民委员会、企业事业单位、乡镇、街道、社会团体或者其他组织等；②相关工作制度应当符合法律规定，如调解委员会的产生方式、调解员的条件、调解不收费等；③人民调解委员会的工作范围应当符合法律规定，就是调解民间纠纷，不能调解涉及重大公共利益或者应当由专门机关管辖处理的纠纷案件。

配套

《宪法》第111条；《村民委员会组织法》第2、7条；《城市居民委员会组织法》第3、13条；《人民调解委员会组织条例》第2条；《人民调解工作若干规定》第2条

第八条　【人民调解委员会的组织形式与人员构成】村民委员会、居民委员会设立人民调解委员会。企业事业单位根据需要设立人民调解委员会。

人民调解委员会由委员三至九人组成，设主任一人，必要时，可以设副主任若干人。

人民调解委员会应当有妇女成员，多民族居住的地区应当有人数较少民族的成员。

注解

本条规定了人民调解委员会的组织形式与人员构成。人民调解委员会的组织形式是《人民调解法》的重要内容，它在很大程度上决定了人民调解工作的范围和领域。第1款规定了人民调解委员会的组织形式。村（居）委会应当设立人民调解委员会，这也是宪法的要求。村（居）委会设立人民调解委员会是人民调解组织的基本设立形式，是人民调解工作的主要组织基础。村（居）委会人民调解委员会重在解决群众生活中发生的矛盾纠纷。企业事业单位根据需要设立人民调解委员会。企业事业单位人民调解委员会则重在解决群众工作中发生的矛盾纠纷。第2款规定了人民调解委员会的组成人数及领导设置。第3款规定了人民调解委员会的性别构成及民族构成。

应用

14. 何种情形下，企业事业单位适宜设立人民调解委员会

企业事业单位人民调解委员会工作重点在于解决群众工作中发生的矛盾纠纷。与村（居）委会人民调解委员会略有区别的是，本法并不要求企业事业单位必须设立人民调解委员会，而是“根据需要设立”，由企业事业单位

根据需要灵活掌握。一般认为，企业事业单位规模较大、职工较多、纠纷多发的，即有设立人民调解委员会的需要；企业事业单位规模较小、人数较少、纠纷不多，并能够及时通过其他合法途径有效化解矛盾纠纷的，可以不设立人民调解委员会。

15. 企业事业单位人民调解委员会与企业劳动争议调解委员会有何区别

《劳动争议调解仲裁法》自2008年开始实施后，很多企业已经设立了劳动争议调解委员会，此时是否还有必要设立企业人民调解委员会？答案是肯定的。因为企业劳动争议调解委员会与人民调解委员会有较大不同：

首先，人员构成及其立场不同。劳动争议调解委员会由职工代表和企业代表组成，双方各自站在不同的立场上，分别代表职工和企业各自的利益，这是由劳动争议的主体和性质决定的。而人民调解委员会中的调解员，既不代表职工，也不代表企业，而是作为中立的第三方，调解职工之间发生的矛盾纠纷。

其次，解决纠纷的范围不同。劳动争议调解委员会主要调解职工与企业之间的劳动争议。而人民调解委员会调解的纠纷范围则相对广泛，包括企业职工内部之间发生的各种民事纠纷，根据《劳动争议调解仲裁法》的规定，人民调解委员会也可以调解职工与企业之间的劳动争议。

16. 人民调解委员会人员构成

根据本条规定，人民调解委员会由委员3至9人组成。人民调解委员会委员的具体人数可根据需要由设立主体自行确定，但不能少于3人，不能多于9人。虽然本条未对人民调解委员会的具体人数作出规定，但人民调解委员会的组成人数以单数为宜，这主要是有利于在民主决策时采用少数服从多数的原则。

关于人民调解委员会的领导设置，本法规定：人民调解委员会设主任1人，必要时，可以设副主任若干人。是否设副主任以及设几个副主任，则应由设立主体根据需要确定。一般情况下，提倡至少设1名副主任，以备在主任缺位时可以代行主任的职责。

在委员的性别构成上，本法明确要求人民调解委员会应当有妇女成员，即无论人民调解委员会由几名委员组成，其中必须有至少1名委员为女性。这一规定体现了男女平等原则，使妇女有机会参与更多的社会事务；同时也能发挥妇女在调解婚姻、家庭、邻里纠纷方面所具有的优势。

在委员的民族构成上，本法明确要求多民族居住的地区应当有人数较少民族的成员。需要特别强调的是，人数较少的民族不一定是少数民族，在一个特定的行政区域或组织内，哪个民族的人数较少就是人数较少的民族。作此规定主要是出于民族平等和有利于纠纷解决的考虑。同一民族的群众在生活习惯、思想观念等方面较为接近，更能够互相理解和体谅，由本民族的群众作为调解员，能够较好地抓住纠纷的症结所在，把握纠纷当事人的心态，有利于矛盾纠纷的化解。

配套

《宪法》第111条；《村民委员会组织法》第9、25条；《城市居民委员会组织法》第7、13条；《人民调解委员会组织条例》第3条；《人民调解工作若干规定》第11条；《劳动争议调解仲裁法》第10条

第九条　【人民调解委员会委员产生方式及任期】村民委员会、居民委员会的人民调解委员会委员由村民会议或者村民代表会议、居民会议推选产生；企业事业单位设立的人民调解委员会委员由职工大会、职工代表大会或者工会组织推选产生。

人民调解委员会委员每届任期三年，可以连选连任。

注解

本条规定了村（居）民委员会人民调解委员会委员及企业事业单位设立的人民调解委员会委员的产生方式及任期。

应用

17. 村民委员会的人民调解委员会委员如何产生

根据本条规定，村民委员会的人民调解委员会委员由村民会议或者村民代表会议、居民会议推选产生。推选工作应当遵守《村民委员会组织法》的有关规定。根据《村民委员会组织法》的规定，村民会议由本村18周岁以上的村民组成。村民会议由村民委员会召集。有1/10以上的村民或者1/3以上的村民代表提议，应当召集村民会议。召开村民会议，应当有本村18周岁以上村民的过半数，或者本村2/3以上的户的代表参加，如有需要，还可以邀请驻本村的企业、事业单位和群众组织派代表列席。村民会议所作决定

应当经到会人员的过半数通过。

人数较多或者居住分散的村，可以设立村民代表会议，讨论决定村民会议授权的事项。村民代表会议由村民委员会成员和村民代表组成，村民代表应当占村民代表会议组成人员的4/5以上，妇女村民代表应当占村民代表会议组成人员的1/3以上。村民代表由村民按每5户至15户推选1人，或者由各村民小组推选若干人。村民代表会议可以讨论决定村民会议授权的事项。

同时，《村民委员会组织法》还规定，村民委员会根据需要设人民调解、治安保卫、公共卫生与计划生育等委员会。村民委员会成员可以兼任下属委员会的成员。

18. 居民委员会的人民调解委员会委员如何产生

根据本条规定，居民委员会的人民调解委员会委员由居民会议推选产生。具体的推选工作应当遵守《城市居民委员会组织法》的有关规定进行。

根据《城市居民委员会组织法》的规定，居民会议由18周岁以上的居民组成。居民会议可以由全体18周岁以上居民或者每户派代表参加，也可以由每个居民小组（居民委员会可以分设若干居民小组，小组长由居民小组推选）选举代表2至3人参加。居民会议必须有全体18周岁以上的居民、户的代表或者居民小组选举的代表的过半数出席，才能举行。会议的决定，由出席人的过半数通过。居民会议由居民委员会召集和主持。有1/5以上的18周岁以上的居民、1/5以上的户或者1/3以上的居民小组提议，应当召集居民会议。涉及全体居民利益的重要问题，居民委员会必须提请居民会议讨论决定。

同时，《城市居民委员会组织法》还规定，居民委员会根据需要设人民调解、治安保卫、公共卫生等委员会。居民委员会成员可以兼任下属的委员会的成员。据此，居民委员会的人民调解委员会成员可以由居民委员会的成员兼任，但仍需通过前述程序推选产生。

19. 企业事业单位的人民调解委员会委员如何产生

根据本条规定，企业事业单位人民调解委员会委员由职工大会、职工代表大会或者工会组织推选产生。即企业事业单位人民调解委员会委员可以有三种产生方式，一是由职工大会推选产生，二是由职工代表大会推选产生，三是由工会组织推选产生。

20. 如何确定人民调解委员会名称

根据司法部《关于贯彻实施〈中华人民共和国人民调解法〉的意见》，村（居）、企业事业单位、乡镇（街道）人民调解委员会名称由“所在村民委员会、居民委员会名称或者所在乡镇、街道行政区划名称或者所在企业事业单位名称”和“人民调解委员会”两部分内容依次组成。区域性、行业性、专业性人民调解委员会名称由“所在市、县或者乡镇、街道行政区划名称”“特定区域名称或者行业、专业纠纷类型”和“人民调解委员会”三部分内容依次组成。

21. 人民调解委员会委员的任期设置

根据本条规定，人民调解委员会委员每届任期3年，可以连选连任。人民调解委员会委员的任期规定为3年。而根据《村民委员会组织法》和《城市居民委员会组织法》的规定，村（居）民委员会每届任期均为5年，其成员可以连选连任。

配套

《村民委员会组织法》第11、17、18、21、22条；《城市居民委员会组织法》第8-10条；《工会法》第16条

第十条 【对人民调解委员会有关情况的统计与通报】 县级人民政府司法行政部门应当对本行政区域内人民调解委员会的设立情况进行统计，并且将人民调解委员会以及人员组成和调整情况及时通报所在地基层人民法院。

注解

本条是关于对人民调解委员会设立及其变动情况的统计和通报的规定。统计应由县级人民政府司法行政部门，即县（区）司法局进行，包括承担相应统计职责的乡镇（街道）司法所。对本行政区域内的人民调解委员会，无论是村（居）民委员会、乡镇（街道）设立的人民调解委员会，还是企业事业单位、社会团体或其他组织设立的人民调解委员会，都应统计在内。

统计内容既包括人民调解委员会的设立情况，如设立时间、设立机构、名称、类型、驻在地和组成人员等静态情况，也包括人民调解委员会的名称

变更、组织撤销、联合及分立情况、类型变更、组成人员变更等动态情况，并及时将统计内容报告给同级基层人民法院。

第十一条 【健全工作制度与密切群众关系】 人民调解委员会应当建立健全各项调解工作制度，听取群众意见，接受群众监督。

注解

本条是关于人民调解委员会建立健全各项工作制度及人民调解委员会与人民群众的关系。人民调解委员会工作制度主要包括岗位责任制、例会、学习、考评、业务登记、统计和档案管理等。

应用

22. 人民调解委员会的工作制度

（1）岗位责任制度。岗位责任制度是人民调解委员会各项工作制度建设的核心内容，是通过明确调解员的责任，确定具体任务，并根据任务完成情况对调解员进行考核奖惩。

（2）纠纷登记制度。纠纷登记是人民调解委员会调解民间纠纷的依据，人民调解委员会对纠纷当事人的口头申请、书面申请或者主动介入调解纠纷的情况都应当进行登记，填写《人民调解员调解案件登记单》，记明当事人姓名、性别、年龄、工作单位、家庭住址、纠纷事由，记录人签名或盖章，登记日期等。并且按期填写《人民调解委员会调解案件汇总登记表》。

（3）统计制度。人民调解委员会应当确定专门的统计人员，设立各类统计台账，及时向司法行政机关报送《人民调解组织队伍经费保障情况统计表》《人民调解案件情况统计表》。

（4）文书档案管理制度。人民调解委员会调解纠纷，一般应当制作调解卷宗，做到一案一卷。调解卷宗主要包括《人民调解申请书》或者《人民调解受理登记表》《人民调解调查（调解、回访）记录》《人民调解协议书》或者《人民调解口头协议登记表》等。纠纷调解过程简单或者达成口头调解协议的，也可以多案一卷，定期集中组卷归档。建立文书档案管理制度要求设立保管人员，规定必要的调阅、保密管理办法，做好调解文书的审查、装订。

（5）回访制度。回访制度是人民调解委员会对已调解结案的纠纷，特别是比较复杂、可能出现反复的纠纷进行走访，了解相关情况的制度。回访的主要内容包括：协议的履行情况，当事人对调解协议的态度有无变化、行为有无反常，有无新的纠纷苗头和隐患，当事人对调解工作的意见和建议等。对回访中发现的纠纷苗头和影响调解协议履行的隐患，人民调解委员会要认真分析研判，提出解决办法。对有激化苗头的，要及时向相关部门报告。

（6）纠纷排查制度。纠纷排查制度是人民调解委员会定期或不定期地对辖区内的民间纠纷进行摸底、登记、分类处理的工作制度。通过纠纷排查，了解掌握纠纷信息，有针对性地开展调解工作。人民调解委员会既可以参加司法行政机关、综治维稳部门组织的集中排查，也可以根据纠纷情况或是在重要地区、重要节点自行组织排查。排查中要做到明确排查目的，掌握排查时间、范围和方法，通过逐门逐户逐人地摸底排队，掌握纠纷重点对象，填写排查工作统计表，妥善处置排查出的纠纷。

（7）纠纷信息传递与反馈制度。纠纷信息传递与反馈制度是指基层人民政府、相关部门和社会组织通过各种渠道将民间纠纷苗头和信息传送到人民调解委员会，人民调解委员会对纠纷信息进行研究分析、加工处理后，将具体的调解意见反馈给相关单位，为其科学预测、预防、化解民间纠纷提供依据。人民调解委员会要明确纠纷信息员，组织好纠纷信息的传递工作，涉及哪个部门、哪个调解组织的纠纷信息就传递到哪。要做好纠纷信息的分类处理，按照纠纷性质、轻重缓急、难易程度提出处理意见，对本调解组织可以调解的，提出解决意见并反馈给相关单位；对带有普遍性、规律性的常见、多发矛盾纠纷，在做好调解的同时，提出预防、疏导的措施和建议；对疑难、复杂、易激化的纠纷和群体性纠纷等，要在稳控事态的基础上，及时向相关部门和基层人民政府报告，请求相关职能部门处理。

除了上述7项基本制度外，各地还需结合实际积极探索完善人民调解工作制度体系，建立健全社情民意分析研判制度、重大纠纷集体讨论制度、重大疑难纠纷报告制度、矛盾纠纷调处跟踪反馈机制、群体性事件快速反应机制等，变被动调解为主动调解，变事后调解为事先防范，逐步形成一整套有效预防和化解矛盾纠纷的人民调解工作制度体系。

配套

《人民调解工作若干规定》第19条

第十二条 【为人民调解委员会开展工作提供保障】 村民委员会、居民委员会和企业事业单位应当为人民调解委员会开展工作提供办公条件和必要的工作经费。

注解

本条规定了设立人民调解委员会的单位的保障责任。根据谁设立谁负责的原则，承担人民调解委员会办公条件和工作经费保障义务的主体是村（居）民委员会，以及根据需要设立人民调解委员会的企业事业单位、乡镇、街道、社会团体和其他社会组织。保障对象包括对人民调解委员会委员和人民调解员给予适当的误工补贴。保障范围包括人民调解委员会的办公条件及工作经费。

配套

《人民调解委员会组织条例》第 14 条

第三章 人民调解员

第十三条 【人民调解员的构成】 人民调解员由人民调解委员会委员和人民调解委员会聘任的人员担任。

注解

本条是关于人民调解员构成的规定。根据本条规定，人民调解员由两部分人员构成，包括人民调解委员会委员和人民调解委员会聘任的人员。

人民调解委员会委员是人民调解委员会组成人员。除人民调解委员会委员担任的人民调解员外，人民调解委员会还可以根据需要聘任部分具有专业知识、专业技能并符合本法第 14 条规定条件的人员担任人民调解员。这类聘用人员既可以是专职调解员，也可以是兼职调解员。根据本条规定，非人民调解委员会委员的人民调解员只能通过聘任方式产生。之所以作这个区分，其原因在于人民调解委员会委员需要更强的代表性，不宜直接通过聘任确定。

配套

《人民调解委员会组织条例》第 3 条；《人民调解工作若干规定》第 12、15 条

第十四条　【人民调解员的任职条件与业务培训】人民调解员应当由公道正派、热心人民调解工作，并具有一定文化水平、政策水平和法律知识的成年公民担任。

县级人民政府司法行政部门应当定期对人民调解员进行业务培训。

注解

本条规定的是人民调解员的任职条件与业务培训。根据本条规定，人民调解员应当具备以下四个条件：（1）公道正派。（2）热心人民调解工作。（3）具有一定文化水平、政策水平和法律知识。（4）成年公民。

应用

23. 如何理解人民调解员的四个任职条件

（1）公道正派。这是对人民调解员道德品质的要求。所谓公道正派，是指为人公道，作风正派，能够客观地分析判断事务，分清是非和责任，并敢于坚持原则，弘扬正气，主持正义，面对纠纷能够做出公正的评判，能够为当事人所信服。公道正派是对人民调解员最基本的要求。

（2）热心人民调解工作。这是对人民调解员工作积极性方面的要求。热心人民调解工作，就是要热爱人民调解工作，积极、主动、耐心地从事人民调解工作，不在乎个人得失，勇于奉献。

（3）具有一定的文化水平、政策水平和法律知识。这些条件要求是从事人民调解工作所必需，但是对文化水平、政策水平和法律知识的理解不能片面化。一方面，人民调解的性质决定了人民调解员的优势往往不在于学历等因素，与之相比，调解技巧、群众威望可能更为重要。另一方面，我国不同地区的文化发展水平差异较大，文化水平的高低具有很强的相对性，因此，对人民调解员的受教育程度不宜作出一刀切的规定。政策水平和法律知识可以通过多种渠道、多种形式来获得，只要能够满足调解工作的需要即可。

（4）成年公民。在我国，成年是指年龄达到18周岁。人民调解员应当具有完全的民事行为能力，应当具有中国国籍，能够胜任比处理一般事务更为复杂、技巧性更强的人民调解工作。

24. 对人民调解员进行业务培训的内容有哪些

业务培训的内容应当包括政策理论、法律知识、调解技巧等。政策理论包括中国特色社会主义理论体系、党和国家的方针政策、当前形势等。法律知识包括宪法、合同法、物权法、劳动法、婚姻法、继承法、收养法等在人民调解工作中经常用到的法律知识，尤其是涉及人民调解的新的法律出台时，县级人民政府司法行政部门应当及时组织关于新的法律的培训。调解技巧包括如何与当事人沟通、如何把握调解时机、如何控制调解节奏等实用知识和技能。业务培训的内容应当紧密结合人民调解工作的实际，要有针对性和实用性。根据司法部《关于贯彻实施〈中华人民共和国人民调解法〉的意见》第19条规定，省级、市级司法行政机关负责培训县级司法行政机关指导人民调解工作干部和司法所工作人员。县级司法行政机关组织开展本行政区域内的人民调解员培训工作，每年至少开展一次人民调解员任职培训，每3年完成一次人民调解员轮训。

此外，培训形式宜多元化，可以采用现场授课、集中观看视频、听讲座、经验交流、知识测验和讲解等多种形式。

配 套

《劳动争议调解仲裁法》第11条；《人民调解委员会组织条例》第4条；《人民调解工作若干规定》第14条

第十五条　【罢免或者解聘人民调解员的情形】 人民调解员在调解工作中有下列行为之一的，由其所在的人民调解委员会给予批评教育、责令改正，情节严重的，由推选或者聘任单位予以罢免或者解聘：

（一）偏袒一方当事人的；

（二）侮辱当事人的；

（三）索取、收受财物或者牟取其他不正当利益的；

（四）泄露当事人的个人隐私、商业秘密的。

注 解

本条规定的是人民调解员的行为规范及违反行为规范的法律后果。在人民调解过程中，人民调解员应当做到公平公正，坚持原则，廉洁自律，文明调解，保护当事人隐私和秘密，始终维护和尊重双方当事人的权利，实现群众的合法权益。

应用

25. 人民调解员的行为规范

（1）不得偏袒一方当事人。人民调解员应当主持公正，不得违背当事人的意愿，故意使调解结果有利于一方当事人，损害另一方当事人的利益。人民调解的首要原则就是“平等原则”，它要求双方当事人作为平等的民事主体参与调解，要求人民调解员平等地对待双方当事人。

（2）不得侮辱当事人。人民调解是通过文明手段化解民间纠纷的方式，在人民调解过程中，任何不文明的行为都应当予以禁止。既不能以语言羞辱当事人，也不能以行为羞辱当事人，对当事人人格或者名誉造成损害。

（3）不得索取、收受财物或者谋取其他不正当利益。人民调解员不得向当事人索要财物，也不得接受当事人主动给予的财物。“谋取其他不正当利益”，包括向当事人谋取不正当利益或者借助在人民调解工作中知晓的信息而谋取不正当利益。需要强调的是，只要人民调解员有索取、收受财物或者谋取其他不正当利益的行为，无论其在调解过程中是否偏袒一方当事人，均构成本条禁止的行为。

（4）不得泄露当事人的个人隐私、商业秘密。个人隐私，是指公民个人生活中不愿为他人公开或知悉的秘密。如个人的私生活、日记、照相簿、身体缺陷、生活习惯、通信秘密等。《人民调解法》第20条规定，人民调解员邀请当事人的亲属、邻里、同事以及具有专门知识、特定经验的人员或者有关社会组织的人员参与调解，应当征得当事人的同意，这也有保护当事人隐私权的考虑。

商业秘密，是指不为公众所知悉、能为权利人带来经济利益，具有实用性并经权利人采取保密措施的技术信息和经营信息。商业秘密包括非专利技术和经营信息两部分，如生产配方、工艺流程、技术诀窍、设计图纸等技术信息；管理方法、产销策略、客户名单、货源情报等经营信息。

26. 人民调解员违反行为规范的法律后果

人民调解员有本条规定的四项行为之一的，当事人以及当事人以外的任何人均可以向人民调解委员会反映情况，人民调解委员会也可以不定期地主动向群众了解人民调解员遵守行为规范的情况。人民调解委员会收到群众的反映或者发现人民调解员违反行为规范的，应当进行认真调查，经调查属实，情节轻微的，及时对人民调解员进行批评教育，责令其改正。当事人有过错的，应当同时对该当事人给予批评教育，并向其宣传国家法律、政策以及人民调解的原则等。人民调解员有本条规定的四项行为之一，情节严重，不适宜继续从事人民调解工作的，应当由推选或者聘任单位予以罢免或者解聘。

配套

《人民调解委员会组织条例》第12条；《人民调解工作若干规定》第17条

第十六条　【人民调解员待遇】 人民调解员从事调解工作，应当给予适当的误工补贴；因从事调解工作致伤致残，生活发生困难的，当地人民政府应当提供必要的医疗、生活救助；在人民调解工作岗位上牺牲的人民调解员，其配偶、子女按照国家规定享受抚恤和优待。

注解

本条规定的是人民调解员的待遇。包括人民调解员的误工补贴，医疗、生活救助，牺牲后其配偶、子女享受的抚恤和优待。

应用

27. 人民调解员的误工补贴

结合本法第6条和第12条的规定，对人民调解员误工补贴的保障主体，应理解为县级以上地方人民政府和设立人民调解委员会的村民委员会、居民委员会、企业事业单位等，以县级以上地方人民政府财政保障为主，设立单位保障为辅，二者互为补充。补贴的认定以人民调解员从事调解工作直接造成的经济损失和人民调解员开展工作中的必要经济开支为限度。

28. 人民调解员的医疗、生活救助

救助适用的对象是因从事调解工作致伤致残，且生活发生困难的人民调解员。实施救助的主体是当地人民政府，主要是县、市两级人民政府；救助的内容是必要的医疗、生活救助，这种责任是一种补充性的最低救助责任，是在调解员无法通过其他合理渠道得到救助时政府承担的责任，而非赔偿或补偿责任。

29. 人民调解员牺牲后的抚恤

抚恤制度适用的对象限于在人民调解工作岗位上牺牲的人民调解员，包括在开展人民调解工作中被当事人故意或过失伤害致死的情形，也包括在人民调解工作岗位上患病或遭遇意外牺牲的情形。享受抚恤和优待的是牺牲的人民调解员的配偶、子女。实施的主体是民政部门，由民政部门按照国家相关规定确定抚恤和优待的具体内容，如符合烈士标准的，应追授烈士称号，其配偶、子女享受烈属待遇；符合见义勇为情形的，应授予见义勇为先进个人，并给予相应的抚恤金。

第四章　调解程序

第十七条　【人民调解的启动方式】 当事人可以向人民调解委员会申请调解；人民调解委员会也可以主动调解。当事人一方明确拒绝调解的，不得调解。

注解

本条规定了人民调解的启动方式以及当事人拒绝调解的处理。根据本条规定，人民调解的启动方式有两种，当事人申请调解和人民调解委员会主动调解。

应用

30. 当事人申请调解的，应注意哪些问题

（1）申请主体。发生纠纷后，可以由一方当事人向人民调解委员会申请调解，也可以由双方当事人共同申请调解，人民调解委员会均应当受理并及时安排调解员进行调解。

（2）申请形式。当事人申请人民调解，可以不拘形式。既可以口头申请，也可以书面申请。无论采取哪种申请形式，人民调解委员会都应当受理。当事人书面申请调解的，应当填写《人民调解申请书》；口头申请的，人民调解委员会应当填写《人民调解受理登记表》。

(3) 纠纷管辖。人民调解不像诉讼那样具有严格的管辖，但应当遵循与当事人有密切联系的原则、就近原则和有利于纠纷解决的原则。

与当事人有密切联系的原则，是指当事人最好选择与其有密切联系的人民调解委员会申请调解，如居住地、户籍地、纠纷发生地、工作单位等设立的人民调解委员会。

就近原则，是指当事人最好选择与其距离较近的人民调解委员会申请调解，如果纠纷当事人在同一社区，可选择本社区的人民调解委员会申请调解；如果纠纷当事人在同一单位，可选择本单位人民调解委员会申请调解；如果纠纷当事人互相不认识，可选择纠纷发生地的人民调解委员会申请调解。

有利于纠纷解决原则，是指当事人最好选择能够较好解决纠纷的人民调解委员会申请调解，如果纠纷属于某一行业领域或者具有较强的专业性，可以选择行业性或者专业性人民调解委员会申请调解，如消费纠纷人民调解委员会、医疗纠纷人民调解委员会等。当事人认为纠纷疑难复杂、涉及面广或者属于群体性的民间纠纷，或者跨地区、跨单位的民间纠纷，可以向乡镇、街道人民调解委员会申请调解。跨地区、跨单位的民间纠纷，还可以申请相关人民调解委员会共同调解。

(4) 人民调解委员会受理纠纷。人民调解工作没有专门的受理环节，也不需要给当事人发受理通知书，只要人民调解委员会认为申请事项属于人民调解的工作范围，即应开始对纠纷进行调解，即意味着已经受理。如果申请事项应由国家专门机关管辖，不属于民间纠纷范畴，人民调解委员会应向当事人说明情况，指引当事人向有管辖权的机关提出申请。

此外还需注意，人民调解委员会没有设置专人负责受理纠纷，当事人向调解委员会申请调解纠纷的，可以向调解委员会的任何人提出。当事人向人民调解员提出调解申请的，必要时人民调解员可以立即对纠纷进行调解，并做好登记工作。

31. 哪些情形下人民调解委员会可以主动进行调解

主动调解是指人民调解委员会在没有当事人申请的情况下，主动为当事人调解纠纷。人民调解组织主动介入民间纠纷的调解，是人民调解组织发挥作用的有效途径和方法，也是人民调解有别于其他纠纷解决机制的一大特色和优势。人民调解委员会主动介入调解，能够抓住化解矛盾纠纷的最佳时机，使矛盾纠纷解决在萌芽状态。

人民调解委员会可以通过以下几种渠道发现矛盾纠纷：(1) 人民调解委员会可以定期对群众间的矛盾纠纷进行排查，发现纠纷就要及时化解，防止矛盾纠纷激化升级。(2) 基层人民政府要求人民调解委员会主动介入调解纠纷。基层人民法院、公安部门或者政府有关部门发现适宜通过人民调解方式解决的矛盾纠纷，也可以及时告知人民调解委员会，由人民调解委员会主动介入。(3) 人民调解委员会在工作中发现矛盾纠纷。人民调解员在调解纠纷时，可能发现相关联的其他矛盾纠纷，此时，人民调解委员会可以主动调解该纠纷。(4) 社会组织、群众向人民调解委员会反映的矛盾纠纷。群众发现矛盾纠纷，可以向人民调解委员会反映。人民调解委员会认为适宜调解的，可以主动调解。

32. 当事人拒绝调解的，人民调解员应如何处理

根据自愿原则，在人民调解过程中，当事人不愿再继续调解的，可以随时要求终止调解。根据本条规定，当事人一方明确拒绝调解的，不得调解。当事人明确拒绝调解主要有以下三种情形：(1) 一方当事人申请调解的，另一方当事人明确拒绝调解；(2) 双方当事人均未申请调解，人民调解委员会主动调解的，一方或者双方当事明确拒绝调解；(3) 在调解的过程中，一方或者双方当事人明确拒绝调解。

当事人拒绝调解，需要以明示的方式表达出来，即以口头或者书面的形式告知人民调解委员会或者人民调解员不愿接受调解或者不愿继续调解。当事人对人民调解工作不满意或不配合，但没有明示拒绝调解的，不属于拒绝调解。

对于当事人拒绝调解的，人民调解员应当终止调解，并根据本法第 26 条的规定，告知当事人可以依法通过仲裁或者行政、司法途径维护自己的权利。发现纠纷有可能激化甚至引起治安案件、刑事案件的，应当根据本法第 25 条的规定，采取有针对性的预防措施，并及时向有关部门报告。

配 套

《人民调解委员会组织条例》第 7 条；《人民调解工作若干规定》第 23 条

第十八条　【告知当事人申请人民调解】 基层人民法院、公安机关对适宜通过人民调解方式解决的纠纷，可以在受理前告知当事人向人民调解委员会申请调解。

注解

本条规定的是基层人民法院、公安机关可以引导当事人申请人民调解，以便推进人民调解与司法调解和行政调解的衔接联动，拓展人民调解的工作领域，提升人民调解的工作水平。条文明确了告知的主体，条件以及告知时间。

应用

33. 实践中，如何将人民调解与司法调解和行政调解衔接在一起

一是通过基层人民法院设立人民调解室，实现司法调解与人民调解的衔接。自《人民调解法》开始实施后，各基层人民法院都相继设立了人民调解工作室，由当地的人民调解委员会将人民调解员派驻到人民调解工作室，专门负责诉前人民调解工作。人民法院在立案接待时，对于适宜通过人民调解解决的纠纷，通过向当事人宣传人民调解的优势，并告知其诉讼风险，在征得当事人同意后，暂缓立案，先由人民调解工作室进行调解。

二是通过在公安派出所设立人民调解工作室，实现行政调解与人民调解的衔接。方式与人民法院设立人民调解工作室类似，有的公安派出所也设立了人民调解工作室，在处理矛盾纠纷时，对于部分轻微伤害案件或者不属于治安案件，认为适宜通过人民调解方式解决，双方当事人也接受调解的，即将该纠纷交由驻所人民调解工作室进行调解。

基层人民法院、公安机关不仅要告知当事人可以选择调解，还应当向当事人介绍人民调解委员会的设立情况，根据当事人的情况帮助其选择较为便利的人民调解委员会，一般是当事人居住地、所在单位或者纠纷发生地的人民调解委员会。如果基层人民法院、公安机关设立了人民调解工作室，可以告知其直接到人民调解工作室申请调解。

基层人民法院、公安机关告知当事人可以向人民调解委员会申请调解后，当事人拒绝申请调解的，对属于其管辖范围的案件，基层人民法院、公安机关应当及时受理，不得因未经调解而不予受理。

人民调解委员会接到当事人的申请后，应当受理，并尽快安排调解员对纠纷进行调解。调解不成的，应告知当事人可以通过仲裁、行政、司法等途径维护自己的权利。调解成功的，应当告知相关基层人民法院、公安机关。

34. 哪些纠纷适宜通过人民调解方式解决

本条规定，只有对适宜通过人民调解方式解决的纠纷，才可以告知当事

人向人民调解委员会申请调解。对不适宜通过人民调解方式解决的纠纷，应由基层人民法院、公安机关依法处理，不能告知和劝告当事人向人民调解委员会申请调解。那么，什么才是“适宜”通过人民调解方式解决的纠纷？主要是指公民之间、公民与法人或者其他组织之间发生的涉及人身、财产权益的民事纠纷，且这些纠纷涉及的权利义务关系都是当事人能够自行处分的。从近些年的人民调解工作实践来看，人民调解委员会调解的案件类型主要包括：邻里纠纷、婚姻家庭纠纷、损害赔偿纠纷、土地承包纠纷、房屋宅基地纠纷、合同纠纷、劳动纠纷等。

第十九条　【人民调解员的确定】人民调解委员会根据调解纠纷的需要，可以指定一名或者数名人民调解员进行调解，也可以由当事人选择一名或者数名人民调解员进行调解。

注解

根据本条规定，人民调解员的确定途径有两个：第一，由人民调解委员会根据调解纠纷的需要指定；第二，由当事人选择人民调解员进行调解。

应用

35. 人民调解委员会指定人民调解员应当考虑哪些因素

（1）纠纷的种类

民间纠纷的种类繁多，包括婚姻家庭纠纷、邻里关系纠纷、债务纠纷等，纠纷的类型不同，调解纠纷的人民调解员也应不同。比如，婚姻家庭纠纷，一般由那些已婚的、德高望重的、善于处理婚姻家庭关系的人民调解员，包括一些女性人民调解员进行调解比较合适；邻里纠纷，由那些与纠纷双方都比较熟悉，又受纠纷双方尊重的人民调解员进行调解可能更为妥当；债务纠纷，由那些精通法律的人民调解员进行调解，有利于清楚准确地向当事人讲解有关法律和国家政策，促使当事人在平等协商、互谅互让的基础上达成调解协议。针对不同的纠纷指定不同的人民调解员调解，可以取得事半功倍的效果。

（2）纠纷当事人的身份特点

纠纷当事人有男有女、有老有少、有汉族也有其他少数民族，考虑当事人的这些特点指定适宜的人民调解员进行调解，有助于纠纷的解决。比如，对于外嫁女失地引发的土地承包纠纷，由女性人民调解员调解，其提出的纠纷解决方案可能容易为女性当事人接受；少数民族发生的纠纷，由本民族的人民调解员调解，可以解除当事人存在的少数民族可能会受到不公正待遇的担忧。

(3) 纠纷的复杂程度、影响大小、紧迫与否

民间纠纷有的发生在二人之间或者夫妻、家庭之间，情节比较简单、社会影响不大，而有的纠纷涉及人数较多，各种矛盾交织，影响面广，比较复杂；有的纠纷属于小打小闹，当事人之间时好时坏，矛盾虽断断续续发生但没有激化的迹象，而有的纠纷由来已久，长期得不到解决并有突发的可能。指定人民调解员调解纠纷要考虑纠纷的性质和特点，对于情节简单、较易处理、可以掌控的纠纷，可以考虑指定一名人民调解员进行调解，介入调解工作的时间也不一定太紧迫；而对于情节复杂、影响面广，不及时处理就可能导致矛盾激化的纠纷，可以考虑指定多名人民调解员进行调解，特别是当纠纷具有群体化、扩大化、暴力化倾向时，为了控制事态的发展，人民调解委员会应尽可能派更多的人民调解员，马上赴现场解决纠纷。

36. 哪些情形下，人民调解委员会应指定人民调解员

人民调解委员会主要在以下三种情形指定调解员：

一是人民调解委员会主动调解下的指定，即纠纷发生后，当事人尚未向人民调解委员会申请调解，人民调解委员会为了及时解决民间纠纷、消除不安定因素，维护社会和谐稳定，主动指定人民调解员进行调解；

二是当事人申请调解下的指定，即当事人申请人民调解委员会调解，但没有选择人民调解员，由人民调解委员会指定人民调解员；

三是当事人就选择人民调解员未达成共识下的指定，即当事人拒绝对方选择的人民调解员进行调解，无法就选择人民调解员达成共识，由人民调解委员会指定人民调解员。当事人对人民调解委员会指定的人民调解员没有明确表示拒绝的，人民调解员都可以进行调解。

37. 当事人可以自行选择人民调解员吗

为了保证人民调解的公平、公正，本条规定当事人可以选择一名或者数名人民调解员进行调解。也就是说，当事人可以共同选择一名或者数名人民调解员进行调解，也可以各自选择一名或者数名人民调解员进行调解。从人民调解的实践来看，由当事人选择的人民调解员进行调解，能够较快地促使当事人在平等协商基础上达成调解协议。

配套

《人民调解工作若干规定》第25条

第二十条 【邀请、支持有关人员参与调解】 人民调解员根据调解纠纷的需要，在征得当事人的同意后，可以邀请当事人的亲属、邻里、同事等参与调解，也可以邀请具有专门知识、特定经验的人员或者有关社会组织的人员参与调解。

人民调解委员会支持当地公道正派、热心调解、群众认可的社会人士参与调解。

注解

本条规定的是利用社会力量解决民间纠纷，这个规定适应了新形势下人民调解工作发展的需要，有利于充分发挥人民调解在化解矛盾、解决纠纷、维护稳定、促进和谐方面"第一道防线"的作用。

应用

38. 有关社会人士参与调解，需注意哪些事项

首先，应根据调解纠纷的需要。即是否邀请当事人的亲属、邻里、同事和具有专门知识、特定经验的人员或者社会组织人员等参与调解，应当根据调解纠纷的需要来判断，而不是每个纠纷的调解都必须邀请上述人员参与调解。

其次，征得当事人同意。即邀请有关人员参与调解，应当征得当事人的同意。根据本法规定，人民调解应当在当事人自愿的基础上进行，这包括是否进行调解、采取什么方式调解以及由谁主持调解和参与调解等。调解有关环节和做法，都应当尊重当事人的意愿。当事人不愿意其他人员参与调解的，人民调解委员会不应安排参与调解。这里的"征得当事人的同意"包括当事人明确表示赞同，也包括当事人没有表示反对。规定"征得当事人的同意"，还考虑到，有的纠纷涉及当事人的隐私或者商业秘密，不希望更多的人知晓，强调在"征得当事人的同意"后，可以邀请他人参与调解也是保护当事人隐私或者商业秘密的需要。在有的情况下，当事人通过人民调解的方式解决民间纠纷，是希望以不伤情面的方式解决纠纷，不希望他人，包括亲属、邻里或者同事等知晓纠纷的内情，如果不征得当事人同意而邀请他人参与调解，有可能使纠纷双方因顾及面子而产生对立情绪，反而不利于纠纷的顺利解决。

在社会人士主动参与调解的情况下，人民调解委员会应当采取积极的态度，为其参与调解提供便利和条件。人民调解员与参与调解的社会人士在调解工作中应当相互配合，共同做好调解工作。而且，人民调解委员会对当地有关社会人士的品行、威望等应当有所了解，对为人处世公道正派、热心人民调解工作、在群众中威信较高的社会人士参与调解，应当给予支持。

39. 在华的外籍人士是否可参与人民调解

本条所指的“社会人士”不仅包括中国公民，也可以包括在华的外籍人士。在民间纠纷当事人中有外国居留者的情形下，由既了解外国当事人的法律观念或者风俗习惯，也了解我国法律、政策的外籍人士参与调解，可以更为妥善、顺利地通过人民调解的方式解决纠纷。由外国人参与调解还可以使外国居留者更愿意通过人民调解的方式解决民间纠纷，有助于更好地实现和谐共处。

配 套

《人民调解工作若干规定》第 27 条

第二十一条　【人民调解员调解工作要求】人民调解员调解民间纠纷，应当坚持原则，明法析理，主持公道。

调解民间纠纷，应当及时、就地进行，防止矛盾激化。

注 解

本条规定了人民调解员在调解具体民间纠纷时的工作要求，包括以下几点：坚持原则，明法析理，主持公道，及时、就地进行，防止矛盾激化。其中，坚持原则是指人民调解员调解纠纷要遵照本法第 3 条的规定。明法析理是指通过诠释法律、法规和国家政策规定，向当事人讲明道理而促成和解的方法。主持公道是指人民调解员在调解民间纠纷时，依照本法第 14 条、15 条规定，居中调解，不偏不倚，做到客观、公正、公平。及时、就地进行，防止矛盾激化，要求调解民间纠纷尽可能快速、高效率进行，及时解决当事人之间的争议。

应用

40. 人民调解员开展工作时如何更好地明法析理

首先，明法析理要以事实为依据。人民调解员调解民间纠纷应当根据事实，从纠纷、争议的实际出发。事实就是实际发生的事情，即各种事态的客观存在。在牵涉到利益纠纷的时候，尽管是对于同一存在的事实，当事人的认识或者说主张也可能并不一致，认清事实就成为处理和解决各种争议的前提和基础。解决民间纠纷，应当实事求是，从具体实际出发，注重证据和调查研究，还客观事实以本来面目，并以客观事实作为分清当事人是非曲直和加以判断的依据。

其次，明法析理要以法律为准绳。人民调解员在调解民间纠纷时，应当按照法理和法律规定进行思维，要从法理、法律精神、社会现实情况等多方面处理纠纷，不能脱离法理和法律，甚至违背人情和公理去考虑问题。人民调解的程序、方法和内容都不得违反法律，不得损害国家、集体和他人的权益。

对于法律有明确规定的问题，人民调解员应当把法律的规定诠释透彻，把案情同法律规定有机地结合起来对照分析，这样当事人会很容易接受。对于法律没有规定的问题，人民调解员应当结合国家政策、公序良俗加以讲解，当事人也会接受或认可人民调解员的建议，妥善了结纠纷。

需要注意的是，“明法析理”的“法”是一个广义的概念，既包括与民间纠纷有关的法律，如民法典等，还包括相关的行政法规、地方性法规等。

41. 调解纠纷应及时、就地进行，防止矛盾激化

本法未规定人民调解委员会调解民间纠纷相关程序的期限，但调解民间纠纷也应当尽可能快速、高效率地进行，及时处理和解决当事人之间的争议。人民调解员应当对民间纠纷高度重视并及时调处，不能久拖不决。

人民调解的民间性决定了其从形式到程序都应区别于有关行政处理和司法程序。“就地调解”意味着除专门的调解工作场所以外，“田间地头”都可以是开展调解工作的场所。人民调解应当不拘形式、灵活便捷、便民利民，这既是人民调解的特点，也是人民调解的优势。

正确调解好民间纠纷，很重要的一点就是要及时准确地掌握纠纷事件的真相，掌握纠纷当事人的心理。在查明案情，分清是非的基础上，结合当事

人心理活动等具体情况，注意调解方法，不回避矛盾，以事实为根据，以法律为准绳，避免矛盾激化。同时，依照本法第25条的规定，人民调解员在调解纠纷过程中，发现纠纷有可能激化的，应当采取有针对性的预防措施；对有可能引起治安案件、刑事案件的纠纷，应当及时向当地公安机关或者其他有关部门报告。

配套

《劳动争议调解仲裁法》第3条

第二十二条　【调解程序与调解方式】人民调解员根据纠纷的不同情况，可以采取多种方式调解民间纠纷，充分听取当事人的陈述，讲解有关法律、法规和国家政策，耐心疏导，在当事人平等协商、互谅互让的基础上提出纠纷解决方案，帮助当事人自愿达成调解协议。

注解

本条规定的是人民调解员调处纠纷的程序和方式。当今随着社会经济不断发展，利益格局出现变动，各种矛盾凸显，对人民调解工作提出了更高要求，不仅要求人民调解员掌握正确的立场和观点，具备一定的解决纠纷的专业知识，还要讲究恰当的调解方法和技巧，唯此，才能发挥人民调解在化解社会矛盾、解决纠纷、维护社会稳定、促进社会和谐方面的“第一道防线”的作用。

应用

42. 开展调解工作时应根据纠纷的不同情况采取多种方式进行

针对纠纷的不同情况采取灵活的方式，有利于调解工作的顺利进行：

（1）对相对简单的纠纷，人民调解员可以帮助当事人进行分析，提供参考意见和方案，促进当事人达成调解；

（2）对相对复杂、矛盾尖锐的纠纷，人民调解员在调解纠纷过程中，发现纠纷有可能激化的，应当采取有针对性的预防措施；

（3）对有可能引起治安案件、刑事案件的纠纷，应当及时向当地公安机关或者其他有关部门报告；

（4）人民调解员在调解纠纷过程中，发现纠纷不属于人民调解范围或者调解不成的，应当终止调解，并依据有关法律、法规的规定，告知当事人可以依法通过仲裁或者行政、司法途径维护自己的权利。

43. 仅有当事人陈述，没有证据，是否影响调解

本条规定人民调解员在调解过程中，应当充分听取双方当事人对事实和理由的陈述，耐心询问产生纠纷的有关情况，了解当事人的真实诉求，不能偏听偏信，主观臆断，更不能在没有充分听取当事人陈述的情况下提出意见和解决方案。本法没有对调解中的证据问题作出明确规定，当事人在陈述事实和理由时，可以提供相应的证据，以协助人民调解员查明事实。但没有提供证据的，不妨碍调解工作的进行，人民调解员也不得据此停止或者拒绝调解。人民调解员也可以主动调查有关事实。

配 套

《农村土地承包经营纠纷调解仲裁法》第9条；《劳动争议调解仲裁法》第13条

第二十三条　【人民调解活动中的当事人权利】 当事人在人民调解活动中享有下列权利：

（一）选择或者接受人民调解员；

（二）接受调解、拒绝调解或者要求终止调解；

（三）要求调解公开进行或者不公开进行；

（四）自主表达意愿、自愿达成调解协议。

注 解

本条规定了当事人在人民调解活动中享有的权利，这是当事人意思自治原则在调解程序中的具体体现，主要包括：（1）选择或者接受人民调解员；（2）接受调解、拒绝调解或者要求终止调解；（3）要求调解公开进行或者不公开进行；（4）自主表达意愿、自愿达成调解协议。

应 用

44. 当事人可否选择或者决定接受人民调解员

人民调解制度作为非公力救济方式，当事人意思自治是其基础，当事人对于调解有一定的控制权。整个调解程序中，当事人意思处于重要地位，当事人对调解的合意选择授予人民调解机构和调解员以管辖权，而该管辖权也可以随时因一方或者双方终止调解的意思表示而消灭。具体来讲，根据本法第三章的规定，可供当事人选择和接受的人民调解员，包括经推选产生的人民调解委员会委员和人民调解委员会根据需要聘任的符合本法规定条件的调解员。此外，人民调解员应当由公道正派、热心人民调解工作，并具有一定文化水平、政策水平和法律知识的成年公民担任。

而诉讼制度中，对于审判员的确定，当事人无权选择，仅在当事人认为承办案件的审判人员与自己或者对方当事人或者与整个案件有利害关系有可能影响公正审判时，可以提出回避申请。诉讼程序中当事人提出的回避申请，需经人民法院审查，并作出是否让相关人员回避的决定，申请回避的当事人对人民法院的决定不服的，可以申请复议一次。因此，除申请回避的权利外，诉讼程序中当事人对于审判人员的确立无权作出选择，这也是诉讼制度强制性特点的体现。

45. 在人民调解中，当事人可否自主决定接受调解、拒绝调解或者要求终止调解

同诉讼制度及仲裁制度相比，人民调解制度中的当事人享有广泛的权利。在诉讼程序中，一般情况下，诉讼程序开始后应当依照法定程序连续进行，经过法定阶段作出裁判，整个诉讼过程和结果依法律规定而进行，不以当事人意志为转移。只有出现法定事由的情形下（如一方当事人死亡等），才中止诉讼或者终结诉讼。对于审判结果，当事人没有拒绝接受的权利而只有服从履行的义务，这也是国家审判权强制性的内在属性。仲裁制度，虽然和人民调解制度具有共同的“非公力救济”的特点，但仲裁制度中的当事人权利和人民调解制度中的当事人权利，仍有区别。人民调解和仲裁相比，当事人的调解意愿较之仲裁意愿更具有自主性。在调解过程中，任何一方当事人可以不再参加调解或者中止调解，此时调解即告结束；而在仲裁程序中，除非双方当事人达成和解协议或者申请人由于某种原因撤案，否则被申请人即使不再参加仲裁或者不出庭，仲裁庭仍有权根据仲裁程序规则的规定继续审理直到作出最终裁决。

46. 调解可以不公开进行吗

调解的基础和前提是当事人意思自治。当事人可以要求调解公开进行，也可以要求不公开进行。当事人要求调解不公开进行的，应予准许。调解以

自愿为基础，不需要以公开的方式进行监督。调解当事人主要通过协商解决纠纷，其纠纷往往涉及各方面的商业秘密和个人隐私，即使不构成商业秘密或者个人隐私的一些信息，当事人也不愿对外公开，这种情况下，公开调解反而成为调解成功的障碍。

47. 如何理解在人民调解中当事人有自主表达意愿、自愿达成调解协议的权利

首先，关于自主表达意愿的权利。自愿原则是人民调解制度的基本原则，人民调解委员会不是审判机关和行政机关，没有强制权力。在依法、平等、自愿及不违背法律、法规和国家政策的基础上，人民调解员在调解中采用的最主要调解方法是"教之以行，动之以情，晓之以理，喻之以法"，通过耐心的说服教育工作使相关当事人纠纷能得到及时处理。在调解过程中，调解员要善于倾听双方当事人意见，由当事人自主、充分地表达意愿，不可先入为主、偏听偏信。只有将调解过程建立在当事人自主、充分表达意愿的基础上，才能够真正查清事实真相，找出纠纷发生的原因和争执的焦点，最终对双方当事人达成调解协议化解纠纷起到积极作用。

其次，关于自愿达成调解协议的权利。在人民调解委员会主持下，经过双方当事人自主表达意愿、多轮的商讨、互谅互让，最终双方自愿达成一致意见而达成的协议即是调解协议。调解协议是当事人在平等和自愿的前提下达成的，虽然双方可能都做出了让步，牺牲了自己在纠纷发生时要求的部分利益，然而他们最终发现，只有彼此都接受双方同意的约束，才是唯一现实的选择，这正是当事人自主参与的结果。

需要说明的是，人民调解委员会主持下达成的调解协议，对当事人具有约束力。调解协议主要靠当事人的诚信自觉履行，经人民法院司法确认的有效调解协议，还具有强制执行力。

配套

《人民调解工作若干规定》第6条

第二十四条　【人民调解活动中的当事人义务】当事人在人民调解活动中履行下列义务：

（一）如实陈述纠纷事实；

（二）遵守调解现场秩序，尊重人民调解员；

（三）尊重对方当事人行使权利。

注解

本条规定了当事人在调解活动中应当履行的法定义务，包括以下三项：如实陈述纠纷事实，遵守调解现场秩序，尊重人民调解员以及尊重对方当事人行使权利，这是人民调解活动顺利进行的有力保障。

配套

《人民调解工作若干规定》第7条

第二十五条　【调解过程中预防纠纷激化】人民调解员在调解纠纷过程中，发现纠纷有可能激化的，应当采取有针对性的预防措施；对有可能引起治安案件、刑事案件的纠纷，应当及时向当地公安机关或者其他有关部门报告。

注解

人民调解员要明确责任，注重预防，立足抓小、抓早、抓苗头，认真做好矛盾纠纷排查调处工作，努力把矛盾纠纷化解在萌芽状态。对可能激化的纠纷，人民调解员应当及时发现，有针对性地采取措施，做到预警在先、教育在先、控制在先、早作处理。对人民调解委员会调解不了、有关部门一时难以解决的矛盾纠纷，人民调解委员会和人民调解员要配合政府和有关部门、组织做好教育、疏导、转化工作，引导群众自觉守法，依法维护自身的合法权益，防止过激行为，维护社会稳定。对可能引起治安案件、刑事案件的纠纷，发现苗头后，人民调解员应当及时向人民调解委员会通报，并及时向当地公安机关或者其他有关部门报告，尽快处理，防止矛盾纠纷激化引起治安案件和刑事案件的发生。

第二十六条　【调解终止】人民调解员调解纠纷，调解不成的，应当终止调解，并依据有关法律、法规的规定，告知当事人可以依法通过仲裁、行政、司法等途径维护自己的权利。

注解

本条规定人民调解员调解纠纷，调解不成的，应当终止调解以及调解终止后的法律救济。其中，调解不成的情形包括两种：一是纠纷不属于人民调解的范围；二是由于当事人拒绝调解、提前终止调解或者当事人未能就调解协议达成一致。终止调解的，人民调解员可以根据案情，根据调解的主体不同，并依据有关法律、法规的规定，告诉当事人可以通过仲裁、行政、司法等途径维护自己的权利。

应用

48. 实践中，哪些因素可能导致调解不成

调解不成的情形主要包括：一是纠纷不属于人民调解的范围；二是由于当事人拒绝调解、提前终止调解或者当事人未能就调解协议达成一致。

（1）不属于人民调解的范围

由于民间纠纷的具体内容是发展变化的，不同地区的矛盾纠纷表现也不同，因此《人民调解法》对民间纠纷的具体内容未作具体规定，只在第 2 条规定，人民调解是指人民调解委员会通过说服、疏导等方法，促使当事人在平等协商基础上自愿达成调解协议，解决民间纠纷的活动。

一些法规和部门规章对于人民调解委员会不予受理的纠纷范围作了规定。例如，《人民调解工作若干规定》第 22 条规定，人民调解委员会不得受理调解下列纠纷：①法律、法规规定只能由专门机关管辖处理的，或者法律、法规禁止采用民间调解方式解决的；②人民法院、公安机关或者其他行政机关已经受理或者解决的。

根据《人民调解工作若干规定》第 20 条规定，人民调解委员会调解的民间纠纷，包括发生在公民与公民之间、公民与法人和其他社会组织之间涉及民事权利义务争议的各种纠纷，这也就意味着人民调解委员会可以调解商事纠纷或者专业性很强的纠纷，从而突破了以往人民调解委员会只调解公民之间涉及人身、财产权益和其他日常生活中发生纠纷的固有模式，使人民调解工作向更广阔的领域延伸。

根据《最高人民法院、司法部关于进一步加强新形势下人民调解工作的意见》第 5 条的规定，人民法院对刑事自诉案件和其他轻微刑事案件，可以根据案件实际情况，参照民事调解的原则和程序，尝试推动当事人和解，尝

试委托人民调解组织调解。所谓轻伤害案件是指因民间纠纷引发的故意伤害致人轻伤，且社会影响不大的案件。但有下列情形之一的轻伤害案件，不属于委托人民调解的范围：①雇凶杀人、涉黑涉恶、寻衅滋事、聚众斗殴及其他恶性犯罪致人轻伤的；②行为人系累犯，或在缓刑、保外就医、所外执行、假释、取保候审、监视居住期间，因纠纷致人轻伤的；③多次伤害他人身体或致三人以上轻伤的；④轻伤害案件中又涉及其他犯罪的；⑤携带凶器伤害他人的；⑥其他不宜委托人民调解的。

（2）当事人拒绝调解、提前终止调解或者当事人未能就调解协议达成一致

实践中，调解不成的因素主要有：当事人一方态度消极，没有耐心进行协商，或者是斤斤计较，或者是恶意借此拖延纠纷解决过程，导致调解程序的滥用；调解效力的权威性不够；调解组织本身力量的薄弱和局限或者调解员解决纠纷的能力；当事人对最终结果寄予过高希望，使协议难以达成；当事人自身素质等等。

配 套

《人民调解工作若干规定》第22条

第二十七条　【人民调解材料立卷归档】人民调解员应当记录调解情况。人民调解委员会应当建立调解工作档案，将调解登记、调解工作记录、调解协议书等材料立卷归档。

注 解

本条是关于调解材料应立卷归档的规定。

人民调解工作档案，是调解人员在办理调解活动中形成并归档的具有备考利用价值的文字、图表、声像等不同形式或者载体的文件材料，是人民调解工作真实记录。

调解记录不同于调解协议书的具体形式，而只是对当事人从申请调解到调解结束的持续过程的记录。比如当事人姓名、受理纠纷时间、争议的内容、达成协议或者调解不成的情况、书面协议或者口头协议、调解协议的履行等情况的记录。无论是否达成调解协议，无论调解协议是书面的还是口头的，都应当由人民调解员记录调解的情况。

应用

49. 实践中，哪些文件材料需要立卷归档

根据调解工作实际，以下文件材料需立卷归档：(1) 调解网络组成人员名册；(2) 会议记录政治业务学习记录；(3) 矛盾纠纷受理、调处情况登记本；(4) 矛盾纠纷调解卷宗；(5) 每月报表、半年报表和全年报表以及半年、全年工作总结；(6) 矛盾纠纷集中排查调处相关材料；(7) 其他应当归档的文件、材料。

配套

《人民调解工作若干规定》第 34-35 条

第五章　调解协议

第二十八条　【达成调解协议的方式】经人民调解委员会调解达成调解协议的，可以制作调解协议书。当事人认为无需制作调解协议书的，可以采取口头协议方式，人民调解员应当记录协议内容。

注解

本条规定达成调解协议的方式，包括两种：一种是签订调解协议书；另一种是达成口头协议。调解协议书是对民间纠纷进行调解后达成协议的书面证明，是一种重要的具有法律意义的文书。在调解协议书中最好将双方达成的权利义务内容、履行协议的方式与期限等相关事项载明。其内容依照本法第 29 条的规定制作，一般需由双方当事人签名、盖章或者按指印，调解员签名并加盖人民调解委员会印章。口头协议是指经过调解后，当事人之间的纠纷很快得到解决。若其提出不需要制作调解协议书，愿意自觉履行的，应当尊重当事人的意愿。

应用

50. 调解协议是否可采取口头协议的形式

达成调解协议可以采取口头协议的形式，制作调解协议书或者采用口头协议的形式主要根据当事人自己的意愿决定。《人民调解法》没有对口头协议的形式作出规定，但在第33条规定了司法确认程序，司法确认针对的是调解协议，并非只针对调解协议书。为了与该规定相衔接，本条规定达成口头协议后，人民调解员也要将口头协议的内容记录在卷。

配套

《农村土地承包经营纠纷调解仲裁法》第10条；《劳动争议调解仲裁法》第14-16条；《民事诉讼法》第100条；《最高人民法院、司法部关于进一步加强新时期人民调解工作的意见》五、八；《人民调解委员会组织条例》第8-10条

第二十九条　【调解协议书的制作、生效及留存】调解协议书可以载明下列事项：

（一）当事人的基本情况；

（二）纠纷的主要事实、争议事项以及各方当事人的责任；

（三）当事人达成调解协议的内容，履行的方式、期限。

调解协议书自各方当事人签名、盖章或者按指印，人民调解员签名并加盖人民调解委员会印章之日起生效。调解协议书由当事人各执一份，人民调解委员会留存一份。

注解

本条规定的是调解协议书的制作、生效及留存。第1款规定了调解协议书可以载明的事项。第2款是关于调解协议书生效及留存的规定。各方当事人签名、盖章或者按指印，不只是一个形式上的要求，更重要的是由此体现当事人对协议内容的确认。人民调解员签名并加盖人民调解委员会印章，一方面表明调解协议在经过调解员调解后达成的，另一方面也是对协议内容的确认。当事人留存的调解协议书可以作为履行协议或者向法院申请司法确认的根据。

应用

51. 调解协议书需载明哪些事项

（1）当事人的基本情况。当事人是矛盾纠纷的主体，是调解协议的权利

义务承担人，在调解协议中一般首先要写明当事人的基本情况，包括姓名、职业、年龄、住址等，如果是婚姻家庭纠纷，也可以将当事人之间的关系载明，如夫妻、婆媳、兄弟姐妹等。

（2）关于纠纷的主要事实、争议事项以及各方当事人的责任。当事人愿意达成调解协议的，可以在调解书上将如何引起的纠纷，为什么引起的纠纷，是谁引起的纠纷等基本情况写上，以便分清是非与责任。实践中，在有些情况下，调解很难将纠纷的是非曲直说得很清楚，责任分得很明确，太较真了，当事人之间可能就难以达成调解协议。在这种情况下，调解协议书将主要情况写上就可以了。

（3）关于当事人达成调解协议的内容，履行的方式、期限。调解协议的内容主要是当事人双方要怎么样解决纠纷，如果是债务纠纷，就要说明当事人之间是不是有债务纠纷，谁欠谁的债，数额是多少，还多少，怎么还等；履行的方式、期限要看属于哪类纠纷，如果是债务纠纷，可以写明是一次性付清还是分次付清，是通过银行、直接交付还是由某人转交，在什么时间付清等。履行的方式和期限与当事人的利益密切相关，也可以说是解决纠纷的关键，一般要在调解协议中写明。

52. 调解协议书自何时起生效

调解协议书自各方当事人签名、盖章或者按指印，人民调解员签名并加盖人民调解委员会印章之日起生效。

配套

《农村土地承包经营纠纷调解仲裁法》第 10 条；《劳动争议调解仲裁法》第 14、16 条；《民事诉讼法》第 100-101 条；《人民调解委员会组织条例》第 8 条；《最高人民法院关于建立健全诉讼与非诉讼相衔接的矛盾纠纷解决机制的若干意见》13、22

第三十条　【口头调解协议的生效】口头调解协议自各方当事人达成协议之日起生效。

注解

本条规定了口头调解协议的生效，为了便于当事人履行口头调解协议、便于人民调解委员会监督当事人履行、便于当事人申请司法确认，本法第 28 条规定了人民调解员应当记录口头调解协议的内容。口头调解协议自达成协议之日起生效，不需要由人民调解员、当事人在调解笔录上签名、盖章或者按指印。

第三十一条　【调解协议效力】经人民调解委员会调解达成的调解协议，具有法律约束力，当事人应当按照约定履行。

人民调解委员会应当对调解协议的履行情况进行监督，督促当事人履行约定的义务。

注 解

本条规定调解协议的效力，理解本条时需注意，调解协议具有法律约束力，但人民调解委员会的职责只能是督促当事人履行调解协议。

应 用

53. 调解协议达成后，一方拒绝履行的，人民调解委员会可否强制其履行

当事人拒绝履行调解协议的，人民调解委员会不能强制当事人履行，只能根据本法第 32 条和第 33 条的规定，建议另一方当事人向人民法院提起诉讼或以其他方式解决纠纷。

当事人不履行调解协议或者达成协议后反悔的，人民调解委员会按照下列情形分别处理：

（1）当事人无正当理由不履行协议或者履行不适当的，应做好当事人的工作，督促其履行；（2）当事人提出协议内容不当，或者人民调解委员会发现协议内容不当的，应在征得各方当事人同意后，经再次调解变更原协议内容；或者撤销原协议，达成新的调解协议；（3）对经督促仍不履行人民调解协议的，应告知当事人可以就调解协议的履行、变更或撤销向人民法院起诉。

配 套

《人民调解委员会组织条例》第 9 条第 1 款；《人民调解工作若干规定》第 36、37 条

第三十二条　【当事人对调解协议的内容或履行发生争议的救济】经人民调解委员会调解达成调解协议后，当事人之间就调解协议的履行或者调解协议的内容发生争议的，一方当事人可以向人民法院提起诉讼。

注解

本条规定当事人对调解协议的内容或履行发生争议的救济。

应用

54. 对达成调解协议后发生争议的解决途径有哪些

现实生活中，当事人在达成调解协议后极有可能还会发生争议，这主要包括两种情形：对调解履行的争议和对调解内容的争议。对调解履行的争议产生纠纷的主要原因，有的是因为当事人不愿意履行或者履行不符合约定；有的是因为在订立调解协议时，当事人对履行的期限、方式等约定不够明确等。对调解内容产生争议主要原因，有的是因为当事人认为在订立调解协议时存在误解；有的是因为当事人认为订立的协议显失公平；有的是因为当事人认为自己是在受欺诈、胁迫等情况下订立调解协议等。

达成协议后发生争议的，可通过如下途径解决：

(1) 根据人民调解的特点和当事人自愿的原则，当事人可以向人民调解委员会申请解决。如系当事人不愿意履行的，对方当事人可以请求人民调解委员会对调解协议的履行情况进行监督，督促当事人履行约定的义务。如系当事人对调解内容发生争议的，当事人可以申请人民调解委员会就有争议的内容重新调解，在当事人自愿的基础上，撤销或者变更原协议确定的内容，就有关内容重新达成协议并予以明确。

(2) 如果当事人不愿意通过人民调解解决有关调解协议的履行或者内容争议问题，当事人可以向人民法院提起诉讼。需要注意的是，此处规定的是当事人“可以”向人民法院提起诉讼，这有两层含义：其一，当事人就调解协议的履行和调解协议的内容产生争议时，向人民法院提起诉讼是当事人一项法定的权利，任何人不得非法阻碍或者剥夺当事人向人民法院起诉的权利。其二，“可以”意味着当事人的一种选择权，既可以向人民法院就原纠纷提起诉讼，也可以通过其他合法途径，如通过人民调解委员会、仲裁机构或者基层政府、行政机关解决其原纠纷争议。

配套

《人民调解工作若干规定》第37、38条

第三十三条　【对调解协议的司法确认】经人民调解委员会调解达成调解协议后，双方当事人认为有必要的，可以自调解协议生效之日起三十日内共同向人民法院申请司法确认，人民法院应当及时对调解协议进行审查，依法确认调解协议的效力。

人民法院依法确认调解协议有效，一方当事人拒绝履行或者未全部履行的，对方当事人可以向人民法院申请强制执行。

人民法院依法确认调解协议无效的，当事人可以通过人民调解方式变更原调解协议或者达成新的调解协议，也可以向人民法院提起诉讼。

注解

本条规定了调解协议的司法确认制度。这是除在基层人民法院设立人民调解工作室之外的又一将人民调解与司法纠纷解决机制相衔接的制度。经司法确认后的调解协议书具有强制执行力，在本法第31条的基础上，更增强调解协议的效力，免除当事人的顾虑，也避免人民调解资源的浪费。

应用

55. 调解协议生效后，一方当事人可否自行申请司法确认

调解协议生效后，如果当事人想通过人民法院确认调解协议的效力，应当共同申请。需要特别指出的是，司法确认是对已经生效调解协议的审查，并不是调解协议生效的必经程序。调解协议生效与否，要依照本法第29、30条的规定进行审查。生效的调解协议当然具有法律约束力，而司法确认只是对调解协议的效力进行事后确认，并不影响调解协议的生效。

56. 当事人应当向哪个机关提出司法确认的申请

当事人应当向有管辖权的人民法院申请确认。根据《民事诉讼法》和《最高人民法院关于建立健全诉讼与非诉讼相衔接的矛盾纠纷解决机制的若干意见》的规定，当事人可以向当事人住所地、调解协议履行地、调解协议达成地、标的物所在地的基层的人民法院申请确认。

57. 当事人提出司法确认申请的，需提交哪些材料

当事人在提出确认申请时，应当向人民法院提交调解协议书、双方当事人签署的承诺书。承诺书应当载明以下内容：(1) 双方当事人出于解决纠纷的目的自愿达成协议，没有恶意串通、规避法律的行为；(2) 如果因为该协议内容而给他人造成损害的，愿意承担相应的民事责任和其他法律责任。

58. 司法确认的程序

人民法院收到当事人提出的司法确认申请后，应当及时审查，材料齐备的，及时向当事人送达受理通知书。人民法院审理申请确认调解协议案件，按照《最高人民法院关于建立健全诉讼与非诉讼相衔接的矛盾纠纷解决机制的若干意见》的规定，参照适用民事诉讼法中有关简易程序的规定。案件由审判员一人独任审理，双方当事人应当同时到庭。人民法院应当面询问双方当事人是否理解所达成调解协议的内容，是否接受因此而产生的后果，是否愿意由人民法院通过司法确认程序赋予该调解协议强制执行的效力。根据民事诉讼法的规定，人民法院审理应当及时对调解协议进行审查，并应当在立案之日起 3 个月内审结。

59. 哪些情形下人民法院不予确认调解协议效力

有下列情形之一的，人民法院不予确认调解协议效力：(1) 违反法律、行政法规强制性规定的；(2) 侵害国家利益、社会公共利益的；(3) 侵害案外人合法权益的；(4) 涉及是否追究当事人刑事责任的；(5) 内容不明确，无法确认和执行的；(6) 调解组织、调解员强迫调解或者有其他严重违反职业道德准则的行为的；(7) 其他情形不应当确认的。

当事人在违背真实意思的情况下签订调解协议，或者调解组织、调解员与案件有利害关系、调解显失公正的，人民法院对调解协议效力不予确认，但当事人明知存在上述情形，仍坚持申请确认的除外。

60. 人民法院确认调解效力的决定何时生效

人民法院确认调解效力的决定自送达当事人后发生法律效力。

配套

《民事诉讼法》第 245、247 条；《农村土地承包经营纠纷调解仲裁法》第 49 条；《劳动争议调解仲裁法》第 51 条；《最高人民法院关于建立健全诉讼与非诉讼相衔接的矛盾纠纷解决机制的若干意见》第 20-25 条

第六章　附　　则

第三十四条　【参照设立人民调解委员会】 乡镇、街道以及社会团体或者其他组织根据需要可以参照本法有关规定设立人民调解委员会，调解民间纠纷。

注解

本条是对参照设立人民调解委员会的规定。目前我国人民调解委员会以村（居）民委员会人民调解委员会和企业事业单位设立的人民调解委员会为主，但随着民间纠纷趋于复杂化，以及人民调解制度适用的有效性，本条为扩大设立人民调解委员会的主体范围预留了空间。

应用

61. 乡镇、街道人民调解委员会与村（居）人民调解委员会以及企事业单位人民调解委员会的关系

乡镇、街道人民调解委员会主要调解村（居）人民调解委员会或者企事业单位人民调解委员会难以调解的疑难、复杂民间纠纷和跨地区、跨单位的民间纠纷。

乡镇、街道人民调解委员会与村（居）人民调解委员会、企事业单位人民调解委员会不是上下级关系，乡镇、街道人民调解委员会不指导、监督村（居）人民调解委员会、企事业单位人民调解委员会的工作。对于一些跨区域的纠纷，当事人可以选择由乡镇、街道人民调解委员会调解，也可以选择由多个村（居）人民调解委员会、企事业单位人民调解委员会共同调解。对于村（居）人民调解委员会、企事业单位人民调解委员会调解不成的纠纷，当事人可以依法通过其他途径解决，无须再申请乡镇、街道人民调解委员会调解。

62. 社会团体或者其他组织设立人民调解委员会需注意哪些事项

社会团体或者其他组织依法设立的人民调解委员会，主要指社会团体或者其他组织为了调解民间纠纷而依法设立的区域性、行业性等类型的人民调解委员会，主要包括：残联、妇联、消协、行业协会等社会团体依法设立的人民调解委员会，为了解决特定类型纠纷如医疗纠纷、劳动纠纷、交通事故纠纷设立的专业性人民调解委员会，外来务工人口居住区、集贸市场、经济开发区等特定区域设立的区域性人民调解委员会等。

社会团体或者其他组织依法设立的人民调解委员会的人民调解员，参照《人民调解法》规定的条件，即公道正派、善于联系群众、热心人民调解工作，并具有一定文化水平、政策水平和法律知识。由于社会团体或者其他组织依法设立的人民调解委员会调解的民间纠纷多具有地域性、专业性，因此在实践中，这些人民调解委员会的人民调解员多由具有相关专业知识、熟悉相关纠纷特点的人员担任，例如，消费者协会成立的人民调解委员会的人民调解员可以由消费者协会的相关工作人员、退休法官或者检察官、律师等担任，医疗纠纷人民调解委员会可聘请退休医生、医学教授等担任人民调解员。

社会团体或者其他组织依法设立的人民调解委员会，主要调解相关地域性、行业性纠纷，例如消费者协会设立的人民调解委员会主要调解有关的消费纠纷，交通事故纠纷人民调解委员会主要调解交通事故纠纷，集贸市场人民调解委员会主要调解本集贸市场内的相关纠纷等。社会团体或者其他组织依法设立的人民调解委员会，与其他类型的人民调解委员会没有隶属关系。

配套

《人民调解工作若干规定》第10条、第13-15条、第21条

第三十五条　【施行日期】本法自2011年1月1日起施行。

配套法规

人民调解委员会组织条例

（1989年6月17日中华人民共和国国务院令第37号发布　自发布之日起施行）

第一条　为了加强人民调解委员会的建设，及时调解民间纠纷，增进人民团结，维护社会安定，以利于社会主义现代化建设，制定本条例。

第二条　人民调解委员会是村民委员会和居民委员会下设的调解民间纠纷的群众性组织，在基层人民政府和基层人民法院指导下进行工作。

基层人民政府及其派出机关指导人民调解委员会的日常工作由司法助理员负责。

第三条　人民调解委员会由委员3至9人组成，设主任1人，必要时可以设副主任。

人民调解委员会委员除由村民委员会成员或者居民委员会成员兼任的以外由群众选举产生，每3年改选一次，可以连选连任。

多民族居住地区的人民调解委员会中，应当有人数较少的民族的成员。

人民调解委员会委员不能任职时，由原选举单位补选。

人民调解委员会委员严重失职或者违法乱纪的，由原选举单位撤换。

第四条 为人公正，联系群众，热心人民调解工作，并有一定法律知识和政策水平的成年公民，可以当选为人民调解委员会委员。

第五条 人民调解委员会的任务为调解民间纠纷，并通过调解工作宣传法律、法规、规章和政策，教育公民遵纪守法，尊重社会公德。

人民调解委员会应当向村民委员会或者居民委员会反映民间纠纷和调解工作的情况。

第六条 人民调解委员会的调解工作应当遵守以下原则：

（一）依据法律、法规、规章和政策进行调解，法律、法规、规章和政策没有明确规定的，依据社会公德进行调解；

（二）在双方当事人自愿平等的基础上进行调解；

（三）尊重当事人的诉讼权利，不得因未经调解或者调解不成而阻止当事人向人民法院起诉。

第七条 人民调解委员会根据当事人的申请及时调解纠纷；当事人没有申请的，也可以主动调解。

人民调解委员会调解纠纷可以由委员 1 人或数人进行；跨地区、跨单位的纠纷，可以由有关的各方调解组织共同调解。

人民调解委员会调解纠纷，可以邀请有关单位和个人参加，被邀请的单位和个人应当给予支持。

第八条 人民调解委员会调解纠纷，应当在查明事实、分清是非的基础上，充分说理，耐心疏导，消除隔阂，帮助当事人达成协议。

调解纠纷应当进行登记，制作笔录，根据需要或者当事人的请求，可以制作调解协议书。调解协议书应当有双方当事人和调解人员的签名，并加盖人民调解委员会的印章。

第九条 人民调解委员会主持下达成的调解协议，当事人应当履行。

经过调解，当事人未达成协议或者达成协议后又反悔的，任何一方可以请求基层人民政府处理，也可以向人民法院起诉。

第十条 基层人民政府对于人民调解委员会主持下达成的调解协议，符合法律、法规、规章和政策的，应当予以支持；违背法律、法规、规章和政策的，应当予以纠正。

第十一条 人民调解委员会调解民间纠纷不收费。

第十二条 人民调解委员会委员必须遵守以下纪律：

（一）不得徇私舞弊；

（二）不得对当事人压制、打击报复；

（三）不得侮辱、处罚当事人；

（四）不得泄露当事人的隐私；

（五）不得吃请受礼。

第十三条 各级人民政府对成绩显著的人民调解委员会和调解委员应当予以表彰和奖励。

第十四条 对人民调解委员会委员，根据情况可以给予适当补贴。

人民调解委员会的工作经费和调解委员的补贴经费，由村民委员会或者居民委员会解决。

第十五条 企业、事业单位根据需要设立的人民调解委员会，参照本条例执行。

第十六条 本条例由司法部负责解释。

第十七条 本条例自发布之日起施行。1954 年 3 月 22 日原中央人民政府政务院公布的《人民调解委员会暂行组织通则》同时废止。

人民调解委员会及调解员奖励办法

（1991年7月12日司法部令第15号发布　自发布之日起施行）

第一条　为加强人民调解委员会组织建设，鼓励先进，调动调解人员的工作积极性，促进人民调解工作的开展，维护社会安定，根据《人民调解委员会组织条例》的有关规定，制定本办法。

第二条　本办法规定的奖励适用于人民调解委员会、人民调解员。

第三条　奖励必须实事求是，实行精神鼓励和物质奖励相结合，以精神鼓励为主的原则。

第四条　奖励条件

符合下列条件的人民调解委员会，给予集体奖励：

1. 组织健全，制度完善；

2. 调解纠纷和防止民间纠纷激化工作成绩显著，连续三年无因民间纠纷引起的刑事案件、自杀事件和群众性械斗；

3. 积极开展法制宣传教育、预防民间纠纷效果显著；

4. 积极向村（居）民委员会报告民间纠纷和调解工作情况，为减少纠纷发生和加强基层政权建设作出突出成绩。

符合下列条件之一的人民调解员，给予奖励：

1. 长期从事人民调解工作，勤勤恳恳，任劳任怨，全心全意为人民服务，为维护社会安定，增进人民团结作出突出贡献者；

2. 在防止民间纠纷激化工作中，积极疏导，力排隐患，临危不惧，挺身而出，舍己救人，对制止恶性案件发生或减轻危害后果作出突出贡献者；

3. 在纠纷当事人准备或正在实施自杀行为的紧急时刻，及时疏导调解，采取果断措施，避免当事人死亡的；

4. 刻苦钻研人民调解业务，认真总结人民调解工作经验，勇于改革开拓，对发展人民调解工作理论，丰富人民调解工作实践作出突出贡献者；

5. 忠实于法律、忠实于事实，忠实于人民利益，秉公办事，不徇私情，不谋私利事迹突出者；

6. 及时提供民间纠纷激化信息，为防止或减轻因民间纠纷激化引起的重大刑事案件，群众性械斗事件发生，作出较大贡献者；

7. 在维护社会安定、增进人民团结等其他方面作出重大贡献者。

第五条 奖励分为：模范人民调解委员会、模范人民调解员；优秀人员调解委员会、优秀人员调解员；先进人民调解委员会、先进人民调解员。

事迹特别突出、贡献特别大的集体或个人，给予命名表彰。

第六条 对受集体奖励者发给奖状或锦旗；对受个人奖励者发给奖状、证书和奖金。

第七条 奖励的审批权限

模范人民调解委员会和模范人民调节员以及集体和个人的命名表彰，由司法部批准。

优秀人民调解委员会和优秀人民调解员由省、自治区、直辖市司法厅（局）批准。

地（市）、县级司法局（处）表彰的统称先进人民调解委员会和先进人民调解员，分别由地（市）、县级司法局（处）批准。

第八条 凡报上一级机关批准奖励的集体或个人，呈报机关应当报送拟表彰奖励的请示报告、事迹材料和奖励审批表。

第九条 奖励工作具体事项，由各级司法行政机关基层工作部门商政工（人事）部门办理。

第十条 表彰奖励集体和个人，地（市）、县级司法局（处）每一年或两年一次，省、自治区、直辖市司法厅（局）每两年一次，司法部每四年一次。对有特殊贡献的集体和个人，可随时表彰奖励。

对在人民调解工作岗位上牺牲的调解人员，符合本办法奖励条件的，应追授奖励。

第十一条 凡发现受奖者事迹失实，隐瞒严重错误骗取荣誉的，或授予称号后犯严重错误，丧失模范作用的，由批准机关撤销其称号，并收回奖状、证书和锦旗。

第十二条 奖励经费按司法部、财政部（85）司发计财字384号《关于修订司法业务费开支范围的规定的通知》的有关规定，由批准奖励机关编造预算报同级财政部门列入调解费开支。

第十三条 按本办法受过奖励的人民调解委员会和人民调节员，仍可受各级人民政府依据《人民调解委员会组织条例》第十三条的规定给予的表彰和奖励。

第十四条 各省、自治区、直辖市司法厅（局）根据本办法可以制定实施细则，报司法部备案。

第十五条 本办法自公布之日起施行。

民间纠纷处理办法

（1990年4月19日司法部令第8号发布　自发布之日起施行）

第一章　总　　则

第一条 为妥善处理民间纠纷，保障公民的人身权利、财产权利和其他权利，维护社会安定，根据《人民调解委员会组织条例》第九条第二款、第二条第二款和第十条的规定，制定本办法。

第二条 司法助理员是基层人民政府的司法行政工作人员，具体负责处理民间纠纷的工作。

第三条 基层人民政府处理民间纠纷的范围，为《人民调解委员会组织条例》规定的民间纠纷，即公民之间有关人身、财产权益和其他日常生活中发生的纠纷。

第四条 处理民间纠纷，必须以事实为根据，以法律、法规、规章和政策为准绳，对于当事人在适用法律上一律平等。

第五条 基层人民政府处理民间纠纷，可以决定由责任一方按照《中华人民共和国民法通则》第一百三十四条第一款所列举的方式承担民事责任，但不得给予人身或者财产处罚。

第六条 基层人民政府处理民间纠纷，不得限制当事人行使诉讼权利。

第二章 受　　理

第七条 当事人提请处理的民间纠纷，由当事人户籍所在地或者居住地的基层人民政府受理。跨地区的民间纠纷，由当事人双方户籍所在地或者居所地的基层人民政府协商受理。

第八条 受理民间纠纷，应当有一方或者双方当事人的申请，申请可以采用口头或者书面方式，并有明确的对方当事人和申请事项、事实根据。

第九条 一方当事人已向人民法院提起诉讼的纠纷，以及基层人民政府已经处理对、当事人没有提出新的事实和理由的纠纷，基层人民政府不予受理。

第十条 对未经人民调解委员会调解的纠纷，应当劝说当事人先通过人民调解委员会调解。

第十一条 法律、法规、规章和政策明确规定由指定部门处理的纠纷，应当告知当事人向指定部门申请处理。

第十二条 具体负责处理纠纷的司法助理员有下列情形之一的，必须自行回避，当事人也有权用口头或者书面方式申请他们回避：

（一）是本纠纷的当事人或者当事人的近亲属；

（二）与本纠纷当事人有利害关系；

（三）与本纠纷当事人有其他关系，可能影响公正处理的。

基层人民政府负责人决定司法助理员的回避，并另行指派他人负责处理纠纷。

第三章　处　　理

第十三条　处理民间纠纷，应当充分听取双方当事人的陈述，允许当事人就争议问题展开辩论，并对纠纷事实进行必要的调查。

第十四条　处理纠纷时，根据需要可以邀请有关单位和群众参加。被邀请单位和个人，应当协助做好处理纠纷工作。

跨地区的民间纠纷，由当事人双方户籍所在地或者居所地的基层人民政府协商处理。

第十五条　处理民间纠纷，应当先行调解。调解时，要查明事实，分清是非，促使当事人互谅互让，在双方当事人自愿的基础上，达成协议。

第十六条　调解达成协议的，应当制作调解书，由双方当事人、司法助理员署名并加盖基层人民政府印章。调解书自送达之日起生效，当事人应当履行。

第十七条　经过调解后，仍达不成协议的纠纷，基层人民政府可以作出处理决定。

第十八条　对于经过人民调解委员会调解过的纠纷，处理时应当先审查原调解协议书，并按下列情况处理：

（一）原调解协议书符合法律、法规、规章和政策的，作出维持原协议的处理决定；

（二）原调解协议书违背法律、法规、规章和政策的，应当予以撤销，另行作出处理决定；

（三）原调解协议书部分错误的，作出部分变更的处理决定。

第十九条 作出处理决定应当以书面形式通知双方当事人到场。一方当事人经两次通知，无正当理由拒不到场的，不影响作出处理决定。

第二十条 作出处理决定应当制作处理决定书，并经基层人民政府负责人审定、司法助理员署名后加盖基层人民政府印章。

第二十一条 基层人民政府作出的处理决定，当事人必须执行。如有异议的，可以在处理决定作出后，就原纠纷向人民法院起诉。超过 15 天不起诉又不执行的，基层人民政府根据当事人一方的申请，可以在其职权范围内，采取必要的措施予以执行。

第二十二条 处理民间纠纷，应当在受理后两个月内处理终结；特别复杂疑难的，可以延长 1 个月。

第二十三条 在纠纷处理过程中，双方当事人自行和解、申请人撤回申请或者一方当事人向人民法院提起诉讼的，应当终止处理。

第四章　附　　则

第二十四条 各省、自治区、直辖市司法厅（局）可以根据本办法制定实施细则。

第二十五条 本办法自发布之日起施行。

跨地区跨单位民间纠纷调解办法

（1994 年 5 月 9 日司法部令第 31 号公布　自公布之日起施行）

第一条 为及时调解跨地区、跨单位民间纠纷，防止纠纷激化，维护社会安定，根据《人民调解委员会组织条例》第七条的规定，制定本办法。

第二条 纠纷当事人属于不同地区、单位，或者纠纷当事人虽属于同一地区、单位，但纠纷发生在其他地区、单位的民间纠纷的调解适用本办法。

第三条 跨地区、跨单位的民间纠纷由纠纷当事人户籍所在地（居所地）、所在单位、纠纷发生地的人民调解委员会共同调解。

一个人民调解委员会能够调解的纠纷，经商有关人民调解委员会，也可以由一个人民调解委员会进行调解。

第四条 共同调解跨地区、跨单位的民间纠纷由最先受理的人民调解委员会主持调解，其他人民调解委员会协助调解。

其他人民调解委员会主持调解有利于解决纠纷的，也可由有关人民调解委员会协商确定。

第五条 共同调解民间纠纷应当按照自愿、平等、合法、公正的原则，积极促成当事人达成调解协议。

第六条 主持调解的人民调解委员会的职责：

一、受理纠纷；

二、发现纠纷有激化可能时，应采取必要措施，防止纠纷激化；

三、针对纠纷情况，开展调查研究，收集纠纷的有关材料，制定调解方案；

四、向有关人民调解委员会提出共同调解意见；

五、确定调解的时间、地点，通知纠纷当事人及有关人民调解委员会参加调解；

六、主持调解，制作调解文书；

七、敦促有关当事人履行调解协议，做好回访工作；

八、负责统计和档案材料保管。

第七条 协助调解的人民调解委员会的职责：

一、协助进行调查研究，收集纠纷的事实材料；

二、主动采取措施，防止纠纷激化；

三、配合主持调解的人民调解委员会，对当事人进行说服教育，促成当事人达成调解协议；

四、敦促当事人履行调解协议。

第八条 经过调解，当事人达成调解协议的，应当制作调解协议书。调解协议书应由当事人、调解人员签名，并加盖各有关人民调解委员会印章。

第九条 当事人未达成调解协议或达成协议后又反悔的，可以就原纠纷申请基层人民政府处理或向人民法院起诉。

第十条 本办法由司法部负责解释。

第十一条 本办法自公布之日起生效。

人民调解工作若干规定

（2002年9月26日司法部令第75号公布　自2002年11月1日起施行）

第一章　总　　则

第一条 为了规范人民调解工作，完善人民调解组织，提高人民调解质量，根据《中华人民共和国宪法》和《中华人民共和国民事诉讼法》、《人民调解委员会组织条例》等法律、法规的规定，结合人民调解工作实际，制定本规定。

第二条 人民调解委员会是调解民间纠纷的群众性组织。

人民调解员是经群众选举或者接受聘任，在人民调解委员会领导下，从事人民调解工作的人员。

人民调解委员会委员、调解员，统称人民调解员。

第三条 人民调解委员会的任务是：

（一）调解民间纠纷，防止民间纠纷激化；

（二）通过调解工作宣传法律、法规、规章和政策，教育公民遵纪守法，尊重社会公德，预防民间纠纷发生；

（三）向村民委员会、居民委员会、所在单位和基层人民政府反映民间纠纷和调解工作的情况。

第四条 人民调解委员会调解民间纠纷，应当遵守下列原则：

（一）依据法律、法规、规章和政策进行调解，法律、法规、规章和政策没有明确规定的，依据社会主义道德进行调解；

（二）在双方当事人自愿平等的基础上进行调解；

（三）尊重当事人的诉讼权利，不得因未经调解或者调解不成而阻止当事人向人民法院起诉。

第五条 根据《最高人民法院关于审理涉及人民调解协议的民事案件的若干规定》，经人民调解委员会调解达成的、有民事权利义务内容，并由双方当事人签字或者盖章的调解协议，具有民事合同性质。当事人应当按照约定履行自己的义务，不得擅自变更或者解除调解协议。

第六条 在人民调解活动中，纠纷当事人享有下列权利：

（一）自主决定接受、不接受或者终止调解；

（二）要求有关调解人员回避；

（三）不受压制强迫，表达真实意愿，提出合理要求；

（四）自愿达成调解协议。

第七条 在人民调解活动中，纠纷当事人承担下列义务：

（一）如实陈述纠纷事实，不得提供虚假证明材料；

（二）遵守调解规则；

（三）不得加剧纠纷、激化矛盾；

（四）自觉履行人民调解协议。

第八条 人民调解委员会调解民间纠纷不收费。

第九条 司法行政机关依照本办法对人民调解工作进行指导和

管理。

指导和管理人民调解委员会的日常工作，由乡镇、街道司法所（科）负责。

第二章　人民调解委员会和人民调解员

第十条　人民调解委员会可以采用下列形式设立：

（一）农村村民委员会、城市（社区）居民委员会设立的人民调解委员会；

（二）乡镇、街道设立的人民调解委员会；

（三）企业事业单位根据需要设立的人民调解委员会；

（四）根据需要设立的区域性、行业性的人民调解委员会。

人民调解委员会的设立及其组成人员，应当向所在地乡镇、街道司法所（科）备案；乡镇、街道人民调解委员会的设立及其组成人员，应当向县级司法行政机关备案。

第十一条　人民调解委员会由委员三人以上组成，设主任一人，必要时可以设副主任。

多民族聚居地区的人民调解委员会中，应当有人数较少的民族的成员。

人民调解委员会中应当有妇女委员。

第十二条　村民委员会、居民委员会和企业事业单位的人民调解委员会根据需要，可以自然村、小区（楼院）、车间等为单位，设立调解小组，聘任调解员。

第十三条　乡镇、街道人民调解委员会委员由下列人员担任：

（一）本乡镇、街道辖区内设立的村民委员会、居民委员会、企业事业单位的人民调解委员会主任；

（二）本乡镇、街道的司法助理员；

（三）在本乡镇、街道辖区内居住的懂法律、有专长、热心人民调解工作的社会志愿人员。

第十四条 担任人民调解员的条件是：为人公正，联系群众，热心人民调解工作，具有一定法律、政策水平和文化水平。

乡镇、街道人民调解委员会委员应当具备高中以上文化程度。

第十五条 人民调解员除由村民委员会成员、居民委员会成员或者企业事业单位有关负责人兼任的以外，一般由本村民区、居民区或者企业事业单位的群众选举产生，也可以由村民委员会、居民委员会或者企业事业单位聘任。

乡镇、街道人民调解委员会委员由乡镇、街道司法所（科）聘任。

区域性、行业性的人民调解委员会委员，由设立该人民调解委员会的组织聘任。

第十六条 人民调解员任期三年，每三年改选或者聘任一次，可以连选连任或者续聘。

人民调解员不能履行职务时，由原选举单位或者聘任单位补选、补聘。

人民调解员严重失职或者违法乱纪的，由原选举单位或者聘任单位撤换。

第十七条 人民调解员调解纠纷，必须遵守下列纪律：

（一）不得徇私舞弊；

（二）不得对当事人压制、打击报复；

（三）不得侮辱、处罚纠纷当事人；

（四）不得泄露当事人隐私；

（五）不得吃请受礼。

第十八条 人民调解员依法履行职务，受到非法干涉、打击报复的，可以请求司法行政机关和有关部门依法予以保护。

人民调解员履行职务，应当坚持原则，爱岗敬业，热情服务，诚实守信，举止文明，廉洁自律，注重学习，不断提高法律、道德素养和调解技能。

第十九条 人民调解委员会应当建立健全岗位责任制、例会、学习、考评、业务登记、统计和档案等各项规章制度，不断加强组织、队伍和业务建设。

第三章 民间纠纷的受理

第二十条 人民调解委员会调解的民间纠纷，包括发生在公民与公民之间、公民与法人和其他社会组织之间涉及民事权利义务争议的各种纠纷。

第二十一条 民间纠纷，由纠纷当事人所在地（所在单位）或者纠纷发生地的人民调解委员会受理调解。

村民委员会、居民委员会或者企业事业单位的人民调解委员会调解不了的疑难、复杂民间纠纷和跨地区、跨单位的民间纠纷，由乡镇、街道人民调解委员会受理调解，或者由相关的人民调解委员会共同调解。

第二十二条 人民调解委员会不得受理调解下列纠纷：

（一）法律、法规规定只能由专门机关管辖处理的，或者法律、法规禁止采用民间调解方式解决的；

（二）人民法院、公安机关或者其他行政机关已经受理或者解决的。

第二十三条 人民调解委员会根据纠纷当事人的申请，受理调解纠纷；当事人没有申请的，也可以主动调解，但当事人表示异议的除外。

当事人申请调解纠纷，可以书面申请，也可以口头申请。

受理调解纠纷，应当进行登记。

第二十四条 当事人申请调解纠纷，符合条件的，人民调解委员会应当及时受理调解。

不符合受理条件的，应当告知当事人按照法律、法规规定提请有关机关处理或者向人民法院起诉；随时有可能激化的，应当在采取必要的缓解疏导措施后，及时提交有关机关处理。

第四章　民间纠纷的调解

第二十五条　人民调解委员会调解纠纷，应当指定一名人民调解员为调解主持人，根据需要可以指定若干人民调解员参加调解。

当事人对调解主持人提出回避要求的，人民调解委员会应当予以调换。

第二十六条　人民调解委员会调解纠纷，应当分别向双方当事人询问纠纷的事实和情节，了解双方的要求及其理由，根据需要向有关方面调查核实，做好调解前的准备工作。

第二十七条　人民调解委员会调解纠纷，根据需要可以邀请有关单位或者个人参加，被邀请的单位或者个人应当给予支持。

调解跨地区、跨单位的纠纷，相关人民调解委员会应当相互配合，共同做好调解工作。

第二十八条　人民调解委员会调解纠纷，一般在专门设置的调解场所进行，根据需要也可以在便利当事人的其他场所进行。

第二十九条　人民调解委员会调解纠纷，根据需要可以公开进行，允许当事人的亲属、邻里和当地（本单位）群众旁听。但是涉及当事人的隐私、商业秘密或者当事人表示反对的除外。

第三十条　人民调解委员会调解纠纷，在调解前应当以口头或者书面形式告知当事人人民调解的性质、原则和效力，以及当事人在调解活动中享有的权利和承担的义务。

第三十一条　人民调解委员会调解纠纷，应当在查明事实、分清责任的基础上，根据当事人的特点和纠纷性质、难易程度、发展变化的情况，采取灵活多样的方式方法，开展耐心、细致的说服疏导工作，促使双方当事人互谅互让，消除隔阂，引导、帮助当事人达成解决纠纷的调解协议。

第三十二条 人民调解委员会调解纠纷，应当密切注意纠纷激化的苗头，通过调解活动防止纠纷激化。

第三十三条 人民调解委员会调解纠纷，一般在一个月内调结。

第五章 人民调解协议及其履行

第三十四条 经人民调解委员会调解解决的纠纷，有民事权利义务内容的，或者当事人要求制作书面调解协议的，应当制作书面调解协议。

第三十五条 调解协议应当载明下列事项：

（一）双方当事人基本情况；

（二）纠纷简要事实、争议事项及双方责任；

（三）双方当事人的权利和义务；

（四）履行协议的方式、地点、期限；

（五）当事人签名，调解主持人签名，人民调解委员会印章。

调解协议由纠纷当事人各执一份，人民调解委员会留存一份。

第三十六条 当事人应当自觉履行调解协议。

人民调解委员会应当对调解协议的履行情况适时进行回访，并就履行情况做出记录。

第三十七条 当事人不履行调解协议或者达成协议后又反悔的，人民调解委员会应当按下列情形分别处理：

（一）当事人无正当理由不履行协议的，应当做好当事人的工作，督促其履行；

（二）如当事人提出协议内容不当，或者人民调解委员会发现协议内容不当的，应当在征得双方当事人同意后，经再次调解变更原协议内容；或者撤销原协议，达成新的调解协议；

（三）对经督促仍不履行人民调解协议的，应当告知当事人可以请求基层人民政府处理，也可以就调解协议的履行、变更、撤销向人民法院起诉。

第三十八条 对当事人因对方不履行调解协议或者达成协议后又后悔，起诉到人民法院的民事案件，原承办该纠纷调解的人民调解委员会应当配合人民法院对该案件的审判工作。

第六章 对人民调解工作的指导

第三十九条 各级司法行政机关应当采取切实措施，加强指导，不断推进本地区人民调解委员会的组织建设、队伍建设、业务建设和制度建设，规范人民调解工作，提高人民调解工作的质量和水平。

各级司法行政机关在指导工作中，应当加强与人民法院的协调和配合。

第四十条 各级司法行政机关应当采取多种形式，加强对人民调解员的培训，不断提高人民调解员队伍的素质。

第四十一条 各级司法行政机关对于成绩显著、贡献突出的人民调解委员会和人民调解员，应当定期或者适时给予表彰和奖励。

第四十二条 各级司法行政机关应当积极争取同级人民政府的支持，保障人民调解工作的指导和表彰经费；协调和督促村民委员会、居民委员会和企业事业单位，落实人民调解委员会的工作经费和人民调解员的补贴经费。

第四十三条 乡镇、街道司法所（科），司法助理员应当加强对人民调解委员会工作的指导和监督，负责解答、处理人民调解委员会或者纠纷当事人就人民调解工作有关问题的请示、咨询和投诉；应人民调解委员会的请求或者根据需要，协助、参与对具体纠纷的调解活动；对人民调解委员会主持达成的调解协议予以检查，发现违背法律、法规、规章和政策的，应当予以纠正；总结交流人民调解工作经验，调查研究民间纠纷的特点和规律，指导人民调解委员会改进工作。

第七章　附　　则

第四十四条　人民调解委员会工作所需的各种文书格式，由司法部统一制定。

第四十五条　本规定自2002年11月1日起施行。本规定发布前，司法部制定的有关规章、规范性文件与本规定相抵触的，以本规定为准。

最高人民法院关于认真学习和贯彻《中华人民共和国人民调解法》的通知

（2010年11月8日　法发〔2010〕46号）

各省、自治区、直辖市高级人民法院，解放军军事法院，新疆维吾尔自治区高级人民法院生产建设兵团分院：

《中华人民共和国人民调解法》（以下简称人民调解法）已于2010年8月28日经第十一届全国人民代表大会常务委员会第十六次会议审议通过，自2011年1月1日起施行。为了保证统一正确适用人民调解法，特通知如下：

一、充分认识人民调解法公布施行的重大意义。人民调解法在总结几十年来人民调解工作实践经验的基础上，系统地规定了人民调解的性质、任务和工作原则，人民调解委员会、人民调解员、调解程序、调解协议等内容，全面完善了我国的人民调解制度，进一步规范了人民调解工作的程序，确立了人民调解协议司法审查机制。

人民调解法的公布施行，为人民法院审理和执行各种涉及人民调解协议的纠纷案件提供了更加明确统一的法律根据，对于进一步发挥人民调解在化解社会矛盾纠纷、维护社会和谐稳定中的积极作用，具有重大意义。各级人民法院必须高度重视、认真学习、全面正确地贯彻好人民调解法。

二、高度重视、精心组织安排人民调解法的学习。各级人民法院要把学习人民调解法作为深入推进三项重点工作，提高人民法院队伍素质和司法能力的一项重要举措。要结合人民法院的实际情况，制定学习、贯彻的具体计划和措施，学习好、领会好立法精神，为贯彻实施人民调解法打下良好的基础。要充分利用各种培训方式和载体，加大业务培训力度，把培训由理论研究型向理论与实践结合型转变，由知识培训型向知识与能力结合型转变，重点提高审判和执行各种涉及人民调解协议的纠纷案件、处理实际问题的业务素质和司法技能。在培训中，要逐条认真学习，准确把握立法精神，深刻理解各条款的含义，学深学透，真正做到融会贯通。

三、进一步贯彻“调解优先、调判结合”工作原则，加强与人民调解在程序对接、效力确认、法律指导等方面的协调配合。各级人民法院尤其是基层人民法院要依法加强对人民调解委员会调解民间纠纷的业务指导，对适宜通过人民调解方式解决的纠纷，可以在受理前告知当事人向人民调解委员会申请调解。经人民调解委员会调解达成调解协议后，双方当事人依法共同向人民法院申请司法确认的，人民法院应当及时对调解协议进行审查，依法确认调解协议的效力。人民法院依法确认调解协议有效，一方当事人拒绝履行或者未全部履行，对方当事人向人民法院申请强制执行的，应当及时执行。要通过审判和执行活动，以案释法，并注意通过新闻媒体等形式，大力宣传人民调解法及其重要意义，教育公民增强法治意识、调解意识，自觉通过人民调解方式解决矛盾纠纷，维护社会和谐稳定。人民法院在工作中，要做好与司法行政等有关部门的沟通。

四、在贯彻实施人民调解法的过程中，要不断总结经验。各级人民法院对遇到的新情况、新问题和典型案例，要认真调查研究并提出意见建议，及时向最高人民法院请示报告。最高人民法院在清理有关司法解释的基础上，将适时起草适用人民调解法的司法解释，加强对各级人民法院正确贯彻实施人民调解法的指导。

特此通知。

司法部关于印发《关于贯彻实施〈中华人民共和国人民调解法〉的意见》的通知

（2010 年 12 月 24 日　司法通〔2010〕224 号）

为贯彻实施《中华人民共和国人民调解法》（以下简称人民调解法），现就有关问题提出以下意见：

一、深入学习宣传贯彻人民调解法

1. *充分认识贯彻实施人民调解法的重要意义。*人民调解法是我国第一部专门规范人民调解工作的法律。人民调解法的颁布实施，对于完善人民调解制度、促进人民调解工作发展，对于深入推进三项重点工作、维护社会和谐稳定，对于进一步做好群众工作、密切党群干群关系，都具有十分重要的意义。各级司法行政机关要切实增强贯彻实施人民调解法的责任感、使命感，以贯彻实施人民调解法为契机，努力开创人民调解工作新局面。

2. *广泛深入地学习宣传人民调解法。*各级司法行政机关、广大人民调解组织和人民调解员要深入学习人民调解法，掌握人民调解法的立法精神和各项规定，做到准确理解法律、自觉遵守法律、正确执行法律。要按照统一规划、分级负责、分期分批实施的原则，切实组织好人民调解法学习培训工作，为贯彻实施人民调解法奠定牢固基础。要面向社会、面向群众，广泛宣传人民调解法的重要意义和主要内容，宣传人民调解制度的特色和优势，为人民调解法的贯彻实施营造良好社会氛围。

3. 全面贯彻落实人民调解法的各项要求。人民调解法内容完备、要求明确，要在人民调解工作中全面贯彻、严格执行人民调解法，确保各项规定落到实处。要坚持人民调解的本质特征和工作原则，保证人民调解工作的正确方向。要加强人民调解组织和人民调解员队伍建设，为开展人民调解工作提供强有力的组织保障。要规范人民调解程序，不断提高人民调解工作的质量。要把握人民调解的基础性地位，充分发挥人民调解在化解矛盾纠纷中的优势和作用。要切实履行司法行政机关对人民调解工作的指导职责，有力推动人民调解工作的改革发展。

二、积极推进人民调解组织队伍建设

4. 建立健全人民调解委员会。依法全面建立村（居）人民调解委员会，实现村（居）人民调解委员会全覆盖。结合企业事业单位的特点和实际，鼓励和帮助企业事业单位建立人民调解委员会。加强乡镇（街道）人民调解委员会建设，充分发挥其化解疑难复杂矛盾纠纷的作用。积极与有关行业主管部门、社会团体和其他组织沟通协调，着重加强专业性、行业性人民调解委员会建设。

5. 健全完善人民调解组织网络。村（居）和企业事业单位人民调解委员会根据需要，可以在自然村、小区、楼院、车间等设立人民调解小组开展调解工作，也可以在机关、单位等场所设立人民调解工作室调解特定的民间纠纷。

6. 规范人民调解委员会名称。村（居）、企业事业单位、乡镇（街道）人民调解委员会名称由“所在村民委员会、居民委员会名称或者所在乡镇、街道行政区划名称或者所在企业事业单位名称”和

"人民调解委员会"两部分内容依次组成。区域性、行业性、专业性人民调解委员会名称由"所在市、县或者乡镇、街道行政区划名称"、"特定区域名称或者行业、专业纠纷类型"和"人民调解委员会"三部分内容依次组成。

7. 提高人民调解员队伍素质。严格按照法定条件推选、聘任人民调解员。充分利用社会资源，吸收具有专业技能和专业知识的人员担任专兼职人民调解员。积极开展法律政策、职业道德和调解技巧的培训，不断提高人民调解员的政治素质和工作能力。

三、大力预防和化解社会矛盾纠纷

8. 全面做好人民调解工作。广泛开展经常性的矛盾纠纷排查，及时发现倾向性、苗头性问题，做到底数清、情况明。切实做好矛盾纠纷化解工作，依法及时、就地调解矛盾纠纷，做到案结事了，防止纠纷激化。认真做好矛盾纠纷预防工作，及时发现可能导致矛盾纠纷的潜在因素，尽早采取有针对性的防范措施。

9. 努力拓展人民调解工作领域。主动适应新时期社会矛盾纠纷发展变化的新趋势，在做好婚姻家庭、相邻关系、损害赔偿等常见性、多发性矛盾纠纷调解工作的同时，积极在征地拆迁、教育医疗、道路交通、劳动争议、物业管理、环境保护等领域开展人民调解工作，扩大人民调解覆盖面。

10. 着力化解重大复杂疑难民间纠纷。人民调解组织要着力化解本地区多年积累、长期未得到有效解决的矛盾纠纷，群众反映强烈、社会影响大的矛盾纠纷以及党委、政府交办的矛盾纠纷。要集中时间、集中力量，深入开展形式多样、主题鲜明的人民调解专项活动，推进人民调解工作不断深入。对于重大、复杂、疑难的矛盾纠纷，司法行政机关领导干部要加强督促指导，亲自参与调解，确保矛盾纠纷得到有效化解。

四、规范开展人民调解活动

11. 完善人民调解受理方式。当事人书面申请调解的，应当填写《人民调解申请书》；口头申请的，人民调解委员会应当填写《人民调解受理登记表》。对于排查中主动发现的、群众反映的或者有关部门移送的民间纠纷，人民调解委员会应当主动进行调解。对于不属于受理范围的纠纷，人民调解委员会应当告知当事人按照法律、法规的规定，可以请求有关部门处理或者向人民法院提起诉讼。

12. 依法开展调解活动。人民调解员调解纠纷，应当严格遵循人民调解工作的原则，主动告知当事人在调解活动中的权利义务，耐心听取当事人对纠纷事实的讲述，深入讲解法律政策和社会公德，帮助当事人认识其在纠纷中应当承担的责任和享有的权利，采取有针对性的措施防止纠纷激化。

13. 规范人民调解协议。经人民调解委员会调解达成调解协议的，可以制作《人民调解协议书》。调解协议有给付内容且非即时履行的，一般应当制作《人民调解协议书》。当事人认为无需制作调解协议书的，可以采取口头协议方式，由人民调解员填写《人民调解口头协议登记表》。

14. 督促当事人履行人民调解协议。人民调解委员会应当对人民调解协议的履行情况，适时进行回访，并填写《人民调解回访记录》。当事人无正当理由不履行人民调解协议的，应当督促其履行。发现人民调解协议内容不当的，在征得各方当事人同意后，可以再次进行调解达成新的调解协议。

五、建立健全人民调解委员会工作制度

15. 健全人民调解委员会工作制度。人民调解委员会要建立完善学习培训、社情民意分析、重大纠纷集体讨论、重大疑难纠纷报告及档案管理等制度，逐步形成有效预防和化解矛盾纠纷的人民调解工作制度体系。

16. 加强人民调解统计报送工作。要全面、及时地对人民调解工作情况进行登记和统计。人民调解员调解每一件纠纷，都应当填写

《人民调解员调解案件登记单》。人民调解委员会应当按期填写《人民调解委员会调解案件汇总登记表》，及时向司法行政机关报送《人民调解组织队伍经费保障情况统计表》、《人民调解案件情况统计表》。

17. 规范人民调解卷宗。人民调解委员会调解纠纷，一般应当制作调解卷宗，做到一案一卷。调解卷宗主要包括《人民调解申请书》或者《人民调解受理登记表》、人民调解调查（调解、回访）记录、《人民调解协议书》或者《人民调解口头协议登记表》等。纠纷调解过程简单或者达成口头调解协议的，也可以多案一卷，定期集中组卷归档。

六、切实加强对人民调解工作的指导

18. 依法全面履行指导人民调解工作职责。各级司法行政机关特别是县级司法行政机关，要采取有力措施，推进人民调解组织建设、队伍建设、制度建设和保障能力建设，不断提高人民调解工作质量和水平，充分发挥人民调解在化解社会矛盾、维护社会稳定中的作用。

19. 大力开展人民调解队伍培训工作。省级、市级司法行政机关负责培训县级司法行政机关指导人民调解工作干部和司法所工作人员。县级司法行政机关组织开展本行政区域内的人民调解员培训工作，每年至少开展一次人民调解员任职培训，每三年完成一次人民调解员轮训。

20. 推动落实人民调解工作各项保障政策。各级司法行政机关应当加强与有关部门的沟通协调，解决好人民调解工作指导经费、人民调解委员会补助经费、人民调解员补贴经费；协调人民调解委员会设立单位为其提供必要的工作经费和办公条件；推动落实人民调解员的表彰奖励、困难救助、优待抚恤政策，充分调动广大人民调解员的积极性、主动性和创造性。

21. 进一步强化司法所指导人民调解工作的职能。司法所要切实履行对人民调解工作的日常指导职责，帮助有关单位和组织建立健全人民调解委员会，配齐配强人民调解员，健全完善人民调解工作制度；总结交流人民调解工作经验，指导人民调解委员会调解民间纠纷，纠正违法和不当的调解活动；维护人民调解员合法权益，协调解决人民调解委员会和人民调解员工作中的困难和问题，保障人民调解工作的顺利发展。

22. 充分发挥人民调解员协会的作用。司法行政机关要依法指导人民调解员协会开展工作，支持人民调解员协会充分履行组织会员学习、总结交流经验、开展理论研究、维护会员权益等职责，团结和带领广大人民调解员努力做好人民调解工作。

最高人民法院、司法部关于认真贯彻实施《中华人民共和国人民调解法》加强和创新社会管理的意见

（2011年5月3日　司发〔2011〕8号）

各省、自治区、直辖市高级人民法院、司法厅（局），新疆维吾尔自治区高级人民法院新疆生产建设兵团分院，新疆生产建设兵团司法局：

近年来，在党中央、国务院的正确领导下，在各级党委、政府的重视支持和人民法院、司法行政机关的精心指导下，人民调解工作紧紧围绕党和国家工作大局，充分发挥维护社会和谐稳定“第一道防线”作用，积极预防、有效化解了大量矛盾纠纷，为维护社会和谐稳定，促进经济社会又好又快发展做出了积极贡献。2011年1月1日，《中华人民共和国人民调解法》（以下简称人民调解法）正

式施行，对于完善人民调解制度、推动人民调解工作的改革与发展、充分发挥人民调解工作的职能作用具有十分重要的作用。2011 年 2 月 19 日，胡锦涛总书记在省部级主要领导干部社会管理及其创新专题研讨班上作了重要讲话，深刻阐述了加强和创新社会管理的重要性和紧迫性，科学分析了当前我国社会管理领域存在的突出问题及其原因，明确提出了新形势下加强和创新社会管理、做好群众工作的总体思路和重点任务，为人民调解工作的发展指明了方向。为认真贯彻实施人民调解法，切实加强和创新社会管理，更好地维护社会稳定，现提出如下意见：

一、充分认识贯彻实施人民调解法加强和创新社会管理的重要意义

当前，我国既处于发展的重要战略机遇期，又处于社会矛盾凸显期，社会管理领域存在不少薄弱环节和问题。只有加强和创新社会管理，正确处理人民内部矛盾和其他社会矛盾，妥善协调各方面利益关系，才能最大限度激发社会创造力、最大限度增加和谐因素、最大限度减少不和谐因素，保持社会和谐稳定。社会管理，主要是对人的服务和管理，说到底是做群众的工作，涉及广大人民群众切身利益。新的形势下，与时俱进地做好联系群众、宣传群众、组织群众、服务群众、团结群众的各项工作，把群众工作渗透社会管理的各个环节、各个方面，就可以从源头上化解社会矛盾、维护社会稳定、促进社会和谐。人民调解是基层群众民主自治的重要形式，人民调解委员会是群众性组织，人民调解员来自群众、代表群众、服务群众，人民调解工作是党和政府联系群众、服务群众的桥梁和纽带，是群众工作的重要组成部分。做好人民调解工作，在党委政府的主导下，让人民群众组织起来，自己管理自己的事情，对于进一步做好群众工作，加强和创新社会管理，维护社会和谐稳定具有十分重要的意义。同时，人民调解法的正式实施，为进一步做好新形势下的人民调解工作，加强和创新社会管理提供了有力的法律保障，奠定了坚实的法制基础。各级人民法院、司法行政机关和广大人民调解组织、人民调解员要从政治和全局的高度，深刻认识学习贯彻实施人民调解法、加强和创新社会管理的重要意义，切实贯彻党的全心全意为人民服务的根本宗旨，坚持党的群众路线，努力提高人民调解工作水平，全力预防化解矛盾纠纷，维护社会和谐稳定，使人民调解这项具有中国特色的社会主义法律制度发挥新的更大的作用，为实现好、维护好、发展好最广大人民根本利益作出积极的贡献。

二、认真做好矛盾纠纷排查工作

要在党委、政府统一领导下，认真做好矛盾纠纷排查工作。要建立完善矛盾纠纷排查机制，充分发挥人民调解组织遍布城乡、网络健全，人民调解员扎根基层、面向群众的优势，积极开展矛盾纠纷大排查，做到底数清、情况明，为有效化解矛盾纠纷奠定基础。要动员广大人民调解组织和人民调解员充分发挥人民调解群众性、民间性、自治性的制度优势，深入村组、社区、厂矿、企业，定期开展矛盾纠纷排查；对于特定行业或专业领域具有行业性、专业性特点的矛盾纠纷，要经常组织专项排查；在重大活动、重要节日、社会敏感期，要集中力量组织开展重点排查。通过排查摸底，掌握社情民意，及时发现纠纷苗头，做到早发现、早处置、早解决。对于排查出来的矛盾纠纷要进行认真统计、梳理和分析，按照纠纷性质、难易程度和轻重缓急，分门别类进行登记，制定有针对性的调解预案，为开展调解做好准备。要紧紧围绕开展重大活动、完成重大任务、应对重大事件，开展矛盾纠纷预防化解活动，切实提高对社会热点、敏感问题的预知、预判和预防能力。要进一步健全完善矛盾纠纷情报信息网络，完善信息收集、报送分析制度和矛盾纠纷信息反馈机制，及时发现可能导致矛盾纠纷的潜在因素，变被动调解为主动化解，变事后调处为事先预防，努力把矛盾纠纷化解在萌芽状态。

三、大力做好矛盾纠纷化解工作

要按照人民调解法的要求，认真做好矛盾纠纷化解工作。要坚持抓早、抓小、抓苗头，对排查出来的矛盾纠纷，应当及时、就地调解，防止矛盾激化。人民调解员调解民间纠纷，要坚持原则，明法析理，主持公道，根据纠纷的不同情况，采取多种方式进行调解，充分听取当事人的陈述，讲解有关法律、法规和国家政策，耐心疏导，在当事人平等协商、互谅互让的基础上提出纠纷解决方案，帮助当事人自愿达成调解协议。对有可能激化的矛盾纠纷，人民调解员要采取有针对性的预防措施，对有可能引起治安案件、刑事案件的纠纷，应当及时向当地公安机关或者其他有关部门报告。人民调解员调解民间纠纷，调解不成的，应当终止调解，并依据有关法律、法规的规定，告知当事人可以依法通过仲裁、行政、司法等途径维护自己的权利。人民调解委员会要对其主持下达成的调解协议的履行情况进行监督，督促当事人履行约定的义务。要进一步加强人民调解的法制宣传教育功能，在调解中开展法制宣传教育，做深入细致的思想工作，提高群众的法律意识，教育群众遵纪守法，依法合理反映诉求，维护自身合法权益。要围绕党委、政府关注和人民群众关心的社会热点、难点纠纷，努力预防化解矛盾纠纷，维护社会和谐稳定。要认真研究分析矛盾纠纷的新特点新规律，努力把握新形势下化解矛盾纠纷的新需求，不断拓展工作领域，积极参与企业改制、征地拆迁、劳动争议、教育医疗、环境保护、安全生产、食品药品安全、知识产权、交通事故等领域矛盾纠纷的调解工作，及时化解社会矛盾。

四、大力加强人民调解组织建设

要按照人民调解法的规定，加强各类人民调解组织建设，健全完善人民调解组织网络，扩大覆盖面。要依法全面建立村（居）人民调解组织，对村（居）人民调解委员会建设情况进行调查摸底，没有建立的要尽快建立，已经建立的要加以巩固、调整、充实，确保每一个村（居）都有人民调解委员会，实现村（居）人民调解组织全覆盖。要积极推进企（事）业单位人民调解组织建设，加强与企（事）业单位的沟通联系，结合企（事）业单位的特点和实际，积极稳妥地推进人民调解组织建设。要进一步巩固乡镇（街道）人民调解委员会，充分发挥其化解疑难复杂纠纷的作用。要积极发展社会团体或者其他组织设立的人民调解组织，按照人民调解法以及与相关部门联合制定的意见要求，加强与有关行业主管部门、社会团体和其他组织的沟通、协调，相互支持、密切配合，共同指导和推动在医疗卫生、道路交通、劳动人事、物业管理、环境保护、征地拆迁、城乡建设及大型集贸市场、流动人口聚居区、行政接边地区、旅游区等行业或领域建立行业性、专业性人民调解组织。

五、大力加强人民调解员队伍建设

要按照人民调解法关于人民调解员选任方式、选任条件、行为规范、教育培训、优待抚恤的规定，采取有力措施，大力加强人民调解员队伍建设。要发展壮大人民调解员队伍，努力建设一支善于做人民调解工作、有奉献精神、年龄和知识结构合理、专兼职相结合的调解员队伍。认真做好人民调解员选任工作，严格按照选任条件，采取推选、聘任等方式，把那些公道正派、热心人民调解工作并具有一定文化水平、政策水平和法律知识的人员吸收到调解员队伍中来。要充分利用社会资源，吸纳热心公益事业的离退休法官、检察官、警官和律师、公证员等法律工作者以及不同行业的社会志愿者参与人民调解工作，不断完善人民调解员队伍结构。要积极发展专业化、社会化的人民调解员队伍，争取有关部门支持，在相关领域和行业建立一支具有相应职业背景和专业知识的调解员队伍。各级司法行政机关特别是县级司法行政机关、司法所要加强对人民调解员的日常管理，教育他们自觉遵守法律、法规、政策和行为规范，定期进行督促检查。要进一步加大人民调解员培训力度，按照人民调解法的要求，有计划、有组织地定期开展人民调解员的普遍轮训，对他们进行思想政治教育、行为规范教育，以及与调解相关的法律法规培训、调解实务培训，提高他们的政治法律素质、业务能力和调解技巧。

六、依法确认人民调解协议的法律效力

人民调解协议是当事人在人民调解委员会的主持下，在平等协商的基础上自愿达成的纠纷解决方案，具有法律约束力。人民法院要通过依法确认人民调解协议的法律效力，加大对人民调解工作的司法保障。经人民调解委员会调解达成调解协议后，双方当事人认为有必要并按照人民调解法的规定自调解协议生效之日起三十日内共同向人民法院申请司法确认的，人民法院应当及时受理；只有一方当事人申请或者双方当事人在人民调解协议生效后三十日之后提出申请等不符合司法确认申请条件的，人民法院应当告知当事人可以按照最高人民法院《关于审理涉及人民调解协议的民事案件的若干规定》，向人民法院提起诉讼或者另寻法律途径解决。人民法院在对当事人提出的确认申请及其调解协议进行审查时，应当按照最高人民法院《关于人民调解协议司法确认程序的若干规定》规定，着重审查调解协议是否违反法律、行政法规强制性规定，是否损害国家利益、社会公共利益、社会公序良俗以及第三人合法权益，是否存在人民调解委员会、人民调解员强迫调解或者其他违背当事人意愿的行为；着重审查调解协议是否具有可执行的民事权利义务内容等情形。经审查符合司法确认条件的，人民法院应当及时以决定书的形式依法确认调解协议的效力；不符合司法确认条件的，应当及时作出不予确认的决定。人民法院依法确认人民调解协议有效，一方当事人拒绝履行或者未全部履行的，对方当事人可以向作出确认决定的人民法院申请强制执行。人民法院办理人民调解协议司法确认案件，不得收取费用。人民法院依法确认调解协议无效或者不予确认的，当事人可以通过人民调解变更原调解协议或者达成新的调解协议，也可以向人民法院提起诉讼。

七、大力加强人民调解工作法制化、规范化、制度化建设

要按照人民调解法的规定，大力推进人民调解法制化、规范化、制度化建设。各级司法行政机关要结合实际，依据人民调解法立法原则和精神，对现有规章、制度、规范性文件进行清理，建立、修改、完善相关的法规规章和规范性文件。要根据司法部印发的人民调解文书格式，规范人民调解登记、记录、调解协议书制作和档案管理工作，及时将调解纠纷登记、调解工作记录、调解协议等材料立卷归档。要规范人民调解工作程序和工作流程，规范名称、组织机构、人员组成，做到名称、印章、场所标识、徽章、工作程序、文书格式六统一。要加强人民调解化解矛盾纠纷的统计报送工作，人民调解委员会主持下达成的书面协议和口头协议都要进行统计，定期报送县级司法行政机关。要加强人民调解工作制度化建设，建立健全各项调解工作制度，听取群众意见，接受群众监督。要建立完善人民调解组织建设，人民调解员选任、聘任，队伍培训，统计分析，检查督导等各项规章制度。指导人民调解组织建立健全社情民意分析研判制度、重大纠纷集体讨论制度、重大疑难纠纷报告制度、矛盾纠纷调处跟踪反馈机制、群体性事件快速反应机制等，逐步形成一整套有效预防和化解矛盾纠纷的人民调解工作制度体系。要及时总结推广各地人民调解工作中行之有效、群众普遍认可的好经验好做法，并用制度的形式固定下来，形成长效机制。

八、依法推进人民调解方式方法和工作机制创新

要在人民调解法的框架内大力推进人民调解工作方式方法和工作机制的创新，充分发挥人民调解工作的特色和优势，增强人民调解工作的生机与活力。要在坚持人民调解工作本质属性和基本原则的基础上，根据纠纷的不同情况，采用灵活多样的方式化解矛盾纠纷。要整合司法行政系统资源搞好调解，发挥律师、基层法律服务工作者、法律援助工作者的专业优势，积极参与人民调解，帮助解决疑难复杂的矛盾纠纷。要善于借助社会力量和专业力量参与调解，对于专业性、法律性、政策性较强的矛盾纠纷，积极引导专家学者和有关部门负责人员参与调处。要顺应信息化时代的要求，积极探索运用互联网、通讯等现代科技手段开展人民调解工作，方便人民群众，提高工作效率。要进一步健全完善人民调解、行政调解、司法调解相互衔接配合的矛盾纠纷预防化解工作机制，注重发挥好人民调解“第一道防线”作用，巩固和强化人民调解在社会矛盾纠纷调解工作体系中的基础作用，形成调解矛盾纠纷的合力，共同做好社会矛盾化解。

要加强人民调解与诉讼的有机衔接，强化人民调解协议效力，提高协议履行率。基层人民法院应当按照人民调解法规定，对适宜通过人民调解方式解决的纠纷，可以在受理前告知当事人向人民调解委员会申请调解。对于人民调解员调解不成，终止调解后当事人提起民事诉讼的，基层人民法院应当及时受理。

九、落实人民调解工作的保障政策

人民调解法规定，国家鼓励和支持人民调解工作。县级以上地方政府对人民调解工作所需经费应当给予必要的支持和保障，对有突出贡献的人民调解委员会和人民调解员按照国家规定给予表彰奖励。人民调解员从事调解工作，应当给予适当的误工补贴。人民调解员因从事调解工作致伤致残，生活发生困难的，当地人民政府应当提供必要的医疗、生活救助。在人民调解工作岗位上牺牲的人民调解员，其配偶、子女按照国家规定享受抚恤和优待。此外，人民调解法还明确规定，村（居）民委员会和企（事）业单位应当为人民调解委员会开展工作提供办公条件和必要的工作经费。人民调解法关于国家支持和保障人民调解工作的规定，对于调动广大人民调解员的积极性，推动人民调解工作的发展具有重要意义。各级司法行政机关要认真落实人民调解法的规定，切实把司法行政机关指导人民调解工作经费、人民调解委员会工作补助经费、人民调解员补贴经费落实到位，不留缺口。要积极争取党委、政府和有关部门支持，制定出台有关政策措施，加大投入，努力解决好人民调解场所、办公设施等问题。要健全制度、加强监督，管好用好人民调解经费。

十、进一步加强对人民调解工作的指导

人民调解法规定，县级以上地方人民政府司法行政部门负责指导本行政区域内的人民调解工作；基层人民法院对人民调解委员会调解民间纠纷进行业务指导。司法行政机关、基层人民法院要认真履行职责，进一步加强对人民调解工作的指导，推动人民调解工作深入发展。司法行政机关要把指导人民调解工作列入重要议事日程，切实加强领导。要根据人民调解法的规定，结合本地实际，研究制定人民调解工作发展规划、规章制度和政策措施，并认真贯彻落实。要加强对人民调解委员会组织建设、队伍建设、业务建设和制度建设的指导，从实际出发，根据不同地域、不同层次、不同行业、不同领域人民调解组织的不同情况，有针对性地提出工作要求，作出工作部署，加强督促检查，努力提高人民调解工作水平。要加强调查研究，认真分析研究本地区民间纠纷的特点和规律，指导人民调解委员会改进工作。要认真总结人民调解实践中的好做法、好经验，大力加以推广，充分发挥典型示范作用。县级司法行政机关要定期开展对人民调解员的业务培训工作，依法对本行政区域内人民调解委员会的设立情况进行统计，将人民调解委员会以及人员组成和调整情况及时通报所在地基层人民法院。乡镇（街道）司法所要加强对辖区内人民调解委员会工作的日常指导，切实提高指导工作的水平，规范人民调解委员会的业务台账、调解文书和工作档案，督促建立和落实各项规章制度，定期组织评比考核，确保调解工作依法、规范进行。

基层人民法院按照人民调解法规定对人民调解委员会调解民间纠纷进行业务指导时，应当坚持“不缺位、不错位、不越位”原则，既不能以审判权取代人民调解自治权，也不能混淆人民调解和司法调解的界限，做到指导方式合法灵活，指导深度合理到位。人民法院应当尊重和支持司法行政机关对人民调解组织的机构设置、工作安排、人员培训、发展规划和职责分工的统筹安排。基层人民法院与司法行政机关应当加强协调与配合，在指导人民调解工作中实现优势互补，共同推动人民调解事业发展。

加强对人民调解工作的指导应当坚持常态指导和动态指导相结合。基层人民法院可以通过参与司法行政机关举办的人民调解员培训班、组织人民调解员旁听法庭审理、依法确认经人民调解委员会调解达成的调解协议具有法律效力、聘任有经验的人民调解员为人民陪审员等常态措施指导人民调解工作。基层人民法院还可根据客观情势，针对民间纠纷在不同地区、不同行业的不同情形和人民调解组织形式、工作模式的发展变化，适时加强指导，确保在第一时间将民间纠纷，特别是可能激化的民间纠纷，化解在第一现场。基层人民法院根据工作需要可以实行巡回指导的工作方式。实行巡回指导，要着眼于方便群众，坚持以人为本，真正解决人民群众最关心、最直接、最现实的利益问题。实行巡回指导，还应当注意因地制宜、因时制宜，妥善采取专项指导、就地指导等动态、多元的指导措施，确保指导工作取得明显实效。基层人民法院应当设立专（兼）职人民调解指导员，对因企业改制、征地拆迁、劳动争议、教育医疗、环境保护、安全生产、食品药品安全、知识产权、交通事故等可能引发的群体性民间纠纷，配合司法行政机关实施专项指导，及时沟通信息，专题研究，制定对策，及时化解矛盾。基层人民法院要积极引导当事人向人民调解组织申请调解，依法审理涉及人民调解协议的民事案件，依法开展司法确认等与审判职能相关的工作。

要积极争取党委、政府对人民调解工作的重视和支持，推动把人民调解工作纳入党委、政府加强和创新社会管理的总体部署，纳入党和政府主导的维护群众权益机制，积极争取政策、经费支持，解决人民调解工作遇到的困难和问题，大力宣传表彰奖励在人民调解工作中涌现出来的先进集体和先进个人，为人民调解工作的发展创造良好条件。各级司法行政机关要进一步加强与人民法院的协调配合，进一步健全完善统计通报、沟通信息、研究工作制度，加强在调解业务指导等方面的配合，形成工作合力，共同做好指导人民调解的工作，更加深入地贯彻实施人民调解法，加强和创新社会管理，促进社会和谐稳定，努力为经济社会发展、为实现全面建设小康社会宏伟目标创造更加良好的社会条件。

最高人民法院关于人民法院民事调解工作若干问题的规定

（2004年8月18日最高人民法院审判委员会第1321次会议通过　根据2008年12月16日公布的《最高人民法院关于调整司法解释等文件中引用〈中华人民共和国民事诉讼法〉条文序号的决定》第一次修正　根据2020年12月23日最高人民法院审判委员会第1823次会议通过的《最高人民法院关于修改〈最高人民法院关于人民法院民事调解工作若干问题的规定〉等十九件民事诉讼类司法解释的决定》第二次修正　2020年12月29日最高人民法院公告公布　自2021年1月1日起施行　法释〔2020〕20号）

为了保证人民法院正确调解民事案件，及时解决纠纷，保障和方便当事人依法行使诉讼权利，节约司法资源，根据《中华人民共和国民事诉讼法》等法律的规定，结合人民法院调解工作的经验和实际情况，制定本规定。

第一条　根据民事诉讼法第九十五条的规定，人民法院可以邀请与当事人有特定关系或者与案件有一定联系的企业事业单位、社会团体或者其他组织，和具有专门知识、特定社会经验、与当事人有特定关系并有利于促成调解的个人协助调解工作。

经各方当事人同意，人民法院可以委托前款规定的单位或者个人对案件进行调解，达成调解协议后，人民法院应当依法予以确认。

第二条 当事人在诉讼过程中自行达成和解协议的，人民法院可以根据当事人的申请依法确认和解协议制作调解书。双方当事人申请庭外和解的期间，不计入审限。

当事人在和解过程中申请人民法院对和解活动进行协调的，人民法院可以委派审判辅助人员或者邀请、委托有关单位和个人从事协调活动。

第三条 人民法院应当在调解前告知当事人主持调解人员和书记员姓名以及是否申请回避等有关诉讼权利和诉讼义务。

第四条 在答辩期满前人民法院对案件进行调解，适用普通程序的案件在当事人同意调解之日起 15 天内，适用简易程序的案件在当事人同意调解之日起 7 天内未达成调解协议的，经各方当事人同意，可以继续调解。延长的调解期间不计入审限。

第五条 当事人申请不公开进行调解的，人民法院应当准许。

调解时当事人各方应当同时在场，根据需要也可以对当事人分别作调解工作。

第六条 当事人可以自行提出调解方案，主持调解的人员也可以提出调解方案供当事人协商时参考。

第七条 调解协议内容超出诉讼请求的，人民法院可以准许。

第八条 人民法院对于调解协议约定一方不履行协议应当承担民事责任的，应予准许。

调解协议约定一方不履行协议，另一方可以请求人民法院对案件作出裁判的条款，人民法院不予准许。

第九条 调解协议约定一方提供担保或者案外人同意为当事人提供担保的，人民法院应当准许。

案外人提供担保的，人民法院制作调解书应当列明担保人，并将调解书送交担保人。担保人不签收调解书的，不影响调解书生效。

当事人或者案外人提供的担保符合民法典规定的条件时生效。

第十条 调解协议具有下列情形之一的，人民法院不予确认：

（一）侵害国家利益、社会公共利益的；

（二）侵害案外人利益的；

（三）违背当事人真实意思的；

（四）违反法律、行政法规禁止性规定的。

第十一条 当事人不能对诉讼费用如何承担达成协议的，不影响调解协议的效力。人民法院可以直接决定当事人承担诉讼费用的比例，并将决定记入调解书。

第十二条 对调解书的内容既不享有权利又不承担义务的当事人不签收调解书的，不影响调解书的效力。

第十三条 当事人以民事调解书与调解协议的原意不一致为由提出异议，人民法院审查后认为异议成立的，应当根据调解协议裁定补正民事调解书的相关内容。

第十四条 当事人就部分诉讼请求达成调解协议的，人民法院可以就此先行确认并制作调解书。

当事人就主要诉讼请求达成调解协议，请求人民法院对未达成协议的诉讼请求提出处理意见并表示接受该处理结果的，人民法院的处理意见是调解协议的一部分内容，制作调解书的记入调解书。

第十五条 调解书确定的担保条款条件或者承担民事责任的条件成就时，当事人申请执行的，人民法院应当依法执行。

不履行调解协议的当事人按照前款规定承担了调解书确定的民事责任后，对方当事人又要求其承担民事诉讼法第二百五十三条规定的迟延履行责任的，人民法院不予支持。

第十六条 调解书约定给付特定标的物的，调解协议达成前该物上已经存在的第三人的物权和优先权不受影响。第三人在执行过程中对执行标的物提出异议的，应当按照民事诉讼法第二百二十七条规定处理。

第十七条 人民法院对刑事附带民事诉讼案件进行调解，依照本规定执行。

第十八条 本规定实施前人民法院已经受理的案件，在本规定施行后尚未审结的，依照本规定执行。

第十九条 本规定实施前最高人民法院的有关司法解释与本规定不一致的，适用本规定。

第二十条 本规定自2004年11月1日起实施。

最高人民法院关于人民调解协议司法确认程序的若干规定

（2011年3月23日最高人民法院公告公布 自2011年3月30日起施行 法释〔2011〕5号）

为了规范经人民调解委员会调解达成的民事调解协议的司法确认程序，进一步建立健全诉讼与非诉讼相衔接的矛盾纠纷解决机制，依照《中华人民共和国民事诉讼法》和《中华人民共和国人民调解法》的规定，结合审判实际，制定本规定。

第一条 当事人根据《中华人民共和国人民调解法》第三十三条的规定共同向人民法院申请确认调解协议的，人民法院应当依法受理。

第二条 当事人申请确认调解协议的，由主持调解的人民调解委员会所在地基层人民法院或者它派出的法庭管辖。

人民法院在立案前委派人民调解委员会调解并达成调解协议，当事人申请司法确认的，由委派的人民法院管辖。

第三条 当事人申请确认调解协议，应当向人民法院提交司法确认申请书、调解协议和身份证明、资格证明，以及与调解协议相关的财产权利证明等证明材料，并提供双方当事人的送达地址、电话号码等联系方式。委托他人代为申请的，必须向人民法院提交由委托人签名或者盖章的授权委托书。

第四条 人民法院收到当事人司法确认申请，应当在三日内决定是否受理。人民法院决定受理的，应当编立“调确字”案号，并及时向当事人送达受理通知书。双方当事人同时到法院申请司法确认的，人民法院可以当即受理并作出是否确认的决定。

有下列情形之一的，人民法院不予受理：

（一）不属于人民法院受理民事案件的范围或者不属于接受申请的人民法院管辖的；

（二）确认身份关系的；

（三）确认收养关系的；

（四）确认婚姻关系的。

第五条 人民法院应当自受理司法确认申请之日起十五日内作出是否确认的决定。因特殊情况需要延长的，经本院院长批准，可以延长十日。

在人民法院作出是否确认的决定前，一方或者双方当事人撤回司法确认申请的，人民法院应当准许。

第六条 人民法院受理司法确认申请后，应当指定一名审判人员对调解协议进行审查。人民法院在必要时可以通知双方当事人同时到场，当面询问当事人。当事人应当向人民法院如实陈述申请确认的调解协议的有关情况，保证提交的证明材料真实、合法。人民法院在审查中，认为当事人的陈述或者提供的证明材料不充分、不完备或者有疑义的，可以要求当事人补充陈述或者补充证明材料。当事人无正当理由未按时补充或者拒不接受询问的，可以按撤回司法确认申请处理。

第七条 具有下列情形之一的，人民法院不予确认调解协议效力：

（一）违反法律、行政法规强制性规定的；

（二）侵害国家利益、社会公共利益的；

（三）侵害案外人合法权益的；

（四）损害社会公序良俗的；

（五）内容不明确，无法确认的；

（六）其他不能进行司法确认的情形。

第八条 人民法院经审查认为调解协议符合确认条件的，应当作出确认决定书；决定不予确认调解协议效力的，应当作出不予确认决定书。

第九条 人民法院依法作出确认决定后，一方当事人拒绝履行或者未全部履行的，对方当事人可以向作出确认决定的人民法院申请强制执行。

第十条 案外人认为经人民法院确认的调解协议侵害其合法权益的，可以自知道或者应当知道权益被侵害之日起一年内，向作出确认决定的人民法院申请撤销确认决定。

第十一条 人民法院办理人民调解协议司法确认案件，不收取费用。

第十二条 人民法院可以将调解协议不予确认的情况定期或者不定期通报同级司法行政机关和相关人民调解委员会。

第十三条 经人民法院建立的调解员名册中的调解员调解达成协议后，当事人申请司法确认的，参照本规定办理。人民法院立案后委托他人调解达成的协议的司法确认，按照《最高人民法院关于人民法院民事调解工作若干问题的规定》（法释〔2004〕12号）的有关规定办理。

最高人民法院关于人民法院特邀调解的规定

（2016年5月23日最高人民法院审判委员会第1684次会议通过 2016年6月28日最高人民法院公告公布 自2016年7月1日起施行 法释〔2016〕14号）

为健全多元化纠纷解决机制，加强诉讼与非诉讼纠纷解决方式的有效衔接，规范人民法院特邀调解工作，维护当事人合法权益，根据《中华人民共和国民事诉讼法》《中华人民共和国人民调解法》等法律及相关司法解释，结合人民法院工作实际，制定本规定。

第一条 特邀调解是指人民法院吸纳符合条件的人民调解、行政调解、商事调解、行业调解等调解组织或者个人成为特邀调解组织或者特邀调解员，接受人民法院立案前委派或者立案后委托依法进行调解，促使当事人在平等协商基础上达成调解协议、解决纠纷的一种调解活动。

第二条 特邀调解应当遵循以下原则：

（一）当事人平等自愿；

（二）尊重当事人诉讼权利；

（三）不违反法律、法规的禁止性规定；

（四）不损害国家利益、社会公共利益和他人合法权益；

（五）调解过程和调解协议内容不公开，但是法律另有规定的除外。

第三条 人民法院在特邀调解工作中，承担以下职责：

（一）对适宜调解的纠纷，指导当事人选择名册中的调解组织或者调解员先行调解；

（二）指导特邀调解组织和特邀调解员开展工作；

（三）管理特邀调解案件流程并统计相关数据；

（四）提供必要场所、办公设施等相关服务；

（五）组织特邀调解员进行业务培训；

（六）组织开展特邀调解业绩评估工作；

（七）承担其他与特邀调解有关的工作。

第四条 人民法院应当指定诉讼服务中心等部门具体负责指导特邀调解工作，并配备熟悉调解业务的工作人员。

人民法庭根据需要开展特邀调解工作。

第五条 人民法院开展特邀调解工作应当建立特邀调解组织和特邀调解员名册。建立名册的法院应当为入册的特邀调解组织或者特邀调解员颁发证书，并对名册进行管理。上级法院建立的名册，下级法院可以使用。

第六条 依法成立的人民调解、行政调解、商事调解、行业调解及其他具有调解职能的组织，可以申请加入特邀调解组织名册。品行良好、公道正派、热心调解工作并具有一定沟通协调能力的个人可以申请加入特邀调解员名册。

人民法院可以邀请符合条件的调解组织加入特邀调解组织名册，可以邀请人大代表、政协委员、人民陪审员、专家学者、律师、仲裁员、退休法律工作者等符合条件的个人加入特邀调解员名册。

特邀调解组织应当推荐本组织中适合从事特邀调解工作的调解员加入名册，并在名册中列明；在名册中列明的调解员，视为人民法院特邀调解员。

第七条 特邀调解员在入册前和任职期间，应当接受人民法院组织的业务培训。

第八条 人民法院应当在诉讼服务中心等场所提供特邀调解组织和特邀调解员名册，并在法院公示栏、官方网站等平台公开名册信息，方便当事人查询。

第九条 人民法院可以设立家事、交通事故、医疗纠纷等专业调解委员会，并根据特定专业领域的纠纷特点，设定专业调解委员会的入册条件，规范专业领域特邀调解程序。

第十条 人民法院应当建立特邀调解组织和特邀调解员业绩档案，定期组织开展特邀调解评估工作，并及时更新名册信息。

第十一条 对适宜调解的纠纷，登记立案前，人民法院可以经当事人同意委派给特邀调解组织或者特邀调解员进行调解；登记立案后或者在审理过程中，可以委托给特邀调解组织或者特邀调解员进行调解。

当事人申请调解的，应当以口头或者书面方式向人民法院提出；当事人口头提出的，人民法院应当记入笔录。

第十二条 双方当事人应当在名册中协商确定特邀调解员；协商不成的，由特邀调解组织或者人民法院指定。当事人不同意指定的，视为不同意调解。

第十三条 特邀调解一般由一名调解员进行。对于重大、疑难、复杂或者当事人要求由两名以上调解员共同调解的案件，可以由两名以上调解员调解，并由特邀调解组织或者人民法院指定一名调解员主持。当事人有正当理由的，可以申请更换特邀调解员。

第十四条 调解一般应当在人民法院或者调解组织所在地进行，双方当事人也可以在征得人民法院同意的情况下选择其他地点进行调解。

特邀调解组织或者特邀调解员接受委派或者委托调解后，应当将调解时间、地点等相关事项及时通知双方当事人，也可以通知与纠纷有利害关系的案外人参加调解。

调解程序开始之前，特邀调解员应当告知双方当事人权利义务、调解规则、调解程序、调解协议效力、司法确认申请等事项。

第十五条 特邀调解员有下列情形之一的，当事人有权申请回避：

（一）是一方当事人或者其代理人近亲属的；

（二）与纠纷有利害关系的；

（三）与纠纷当事人、代理人有其他关系，可能影响公正调解的。

特邀调解员有上述情形的，应当自行回避；但是双方当事人同意由该调解员调解的除外。

特邀调解员的回避由特邀调解组织或者人民法院决定。

第十六条 特邀调解员不得在后续的诉讼程序中担任该案的人民陪审员、诉讼代理人、证人、鉴定人以及翻译人员等。

第十七条 特邀调解员应当根据案件具体情况采用适当的方法进行调解，可以提出解决争议的方案建议。特邀调解员为促成当事人达成调解协议，可以邀请对达成调解协议有帮助的人员参与调解。

第十八条 特邀调解员发现双方当事人存在虚假调解可能的，应当中止调解，并向人民法院或者特邀调解组织报告。

人民法院或者特邀调解组织接到报告后，应当及时审查，并依据相关规定作出处理。

第十九条 委派调解达成调解协议，特邀调解员应当将调解协议送达双方当事人，并提交人民法院备案。

委派调解达成的调解协议，当事人可以依照民事诉讼法、人民调解法等法律申请司法确认。当事人申请司法确认的，由调解组织所在地或者委派调解的基层人民法院管辖。

第二十条 委托调解达成调解协议，特邀调解员应当向人民法院提交调解协议，由人民法院审查并制作调解书结案。达成调解协议后，当事人申请撤诉的，人民法院应当依法作出裁定。

第二十一条 委派调解未达成调解协议的，特邀调解员应当将当事人的起诉状等材料移送人民法院；当事人坚持诉讼的，人民法院应当依法登记立案。

委托调解未达成调解协议的，转入审判程序审理。

第二十二条 在调解过程中，当事人为达成调解协议作出妥协而认可的事实，不得在诉讼程序中作为对其不利的根据，但是当事人均同意的除外。

第二十三条 经特邀调解组织或者特邀调解员调解达成调解协议的，可以制作调解协议书。当事人认为无需制作调解协议书的，可以采取口头协议方式，特邀调解员应当记录协议内容。

第二十四条 调解协议书应当记载以下内容：

（一）当事人的基本情况；

（二）纠纷的主要事实、争议事项；

（三）调解结果。

双方当事人和特邀调解员应当在调解协议书或者调解笔录上签名、盖章或者捺印；由特邀调解组织主持达成调解协议的，还应当加盖调解组织印章。

委派调解达成调解协议，自双方当事人签名、盖章或者捺印后生效。委托调解达成调解协议，根据相关法律规定确定生效时间。

第二十五条 委派调解达成调解协议后，当事人就调解协议的履行或者调解协议的内容发生争议的，可以向人民法院提起诉讼，人民法院应当受理。一方当事人以原纠纷向人民法院起诉，对方当事人以调解协议提出抗辩的，应当提供调解协议书。

经司法确认的调解协议，一方当事人拒绝履行或者未全部履行的，对方当事人可以向人民法院申请执行。

第二十六条 有下列情形之一的，特邀调解员应当终止调解：

（一）当事人达成调解协议的；

（二）一方当事人撤回调解请求或者明确表示不接受调解的；

（三）特邀调解员认为双方分歧较大且难以达成调解协议的；

（四）其他导致调解难以进行的情形。

特邀调解员终止调解的，应当向委派、委托的人民法院书面报告，并移送相关材料。

第二十七条 人民法院委派调解的案件，调解期限为 30 日。但是双方当事人同意延长调解期限的，不受此限。

人民法院委托调解的案件，适用普通程序的调解期限为 15 日，适用简易程序的调解期限为 7 日。但是双方当事人同意延长调解期限的，不受此限。延长的调解期限不计入审理期限。

委派调解和委托调解的期限自特邀调解组织或者特邀调解员签字接收法院移交材料之日起计算。

第二十八条 特邀调解员不得有下列行为：

（一）强迫调解；

（二）违法调解；

（三）接受当事人请托或收受财物；

（四）泄露调解过程或调解协议内容；

（五）其他违反调解员职业道德的行为。

当事人发现存在上述情形的，可以向人民法院投诉。经审查属实的，人民法院应当予以纠正并作出警告、通报、除名等相应处理。

第二十九条 人民法院应当根据实际情况向特邀调解员发放误工、交通等补贴，对表现突出的特邀调解组织和特邀调解员给予物质或者荣誉奖励。补贴经费应当纳入人民法院专项预算。

人民法院可以根据有关规定向有关部门申请特邀调解专项经费。

第三十条 本规定自 2016 年 7 月 1 日起施行。

最高人民法院关于仲裁机构“先予仲裁”裁决或者调解书立案、执行等法律适用问题的批复

（2018年5月28日最高人民法院审判委员会第1740次会议通过　2018年6月5日最高人民法院公告公布　自2018年6月12日起施行　法释〔2018〕10号）

广东省高级人民法院：

你院《关于“先予仲裁”裁决应否立案执行的请示》（粤高法〔2018〕99号）收悉。经研究，批复如下：

当事人申请人民法院执行仲裁机构根据仲裁法作出的仲裁裁决或者调解书，人民法院经审查，符合民事诉讼法、仲裁法相关规定的，应当依法及时受理，立案执行。但是，根据仲裁法第二条的规定，仲裁机构可以仲裁的是当事人间已经发生的合同纠纷和其他财产权益纠纷。因此，网络借贷合同当事人申请执行仲裁机构在纠纷发生前作出的仲裁裁决或者调解书的，人民法院应当裁定不予受理；已经受理的，裁定驳回执行申请。

你院请示中提出的下列情形，应当认定为民事诉讼法第二百三十七条第二款第三项规定的“仲裁庭的组成或者仲裁的程序违反法定程序”的情形：

一、仲裁机构未依照仲裁法规定的程序审理纠纷或者主持调解，径行根据网络借贷合同当事人在纠纷发生前签订的和解或者调解协议作出仲裁裁决、仲裁调解书的；

二、仲裁机构在仲裁过程中未保障当事人申请仲裁员回避、提

供证据、答辩等仲裁法规定的基本程序权利的。

前款规定情形中，网络借贷合同当事人以约定弃权条款为由，主张仲裁程序未违反法定程序的，人民法院不予支持。

人民法院办理其他合同纠纷、财产权益纠纷仲裁裁决或者调解书执行案件，适用本批复。

此复。

中共中央办公厅、国务院办公厅关于转发《最高人民法院、司法部关于进一步加强新时期人民调解工作的意见》的通知

（2002年9月24日　中办发〔2002〕23号）

各省、自治区、直辖市党委和人民政府，中央和国家机关各部委，军委总政治部，各人民团体：

《最高人民法院、司法部关于进一步加强新时期人民调解工作的意见》已经党中央、国务院同意，现转发给你们，请结合实际认真贯彻执行。

人民调解制度是在党的领导下，继承发扬我国民间调解的传统，经历了革命、建设和改革各个历史阶段的实践，不断发展和完善起来的一项社会主义法律制度。进一步做好新时期人民调解工作，对维护社会稳定，加强社会主义民主法制建设，实现国家的长治久安，具有重要的作用。各级党委和政府要从贯彻落实“三个代表”重要思想，维护人民群众根本利益，确保社会政治稳定的高度，切实加强对人民调解工作的领导和指导，促进人民调解工作的改革与发展，为维护改革发展稳定大局做出积极的贡献。

最高人民法院、司法部关于进一步加强新时期人民调解工作的意见新中国成立以来特别是改革开放以来，在各级党委和政府的关心支持下，人民调解组织每年调解民间纠纷600多万件，为加强社会主义法制建设、维护社会稳定和保障社会经济发展做出了重要贡献。为适应社会主义市场经济发展的需要，进一步巩固和发展人民调解制度，充分发挥人民调解工作在解决社会矛盾纠纷、维护社会稳定中的作用，现提出以下意见。

一、充分认识做好新时期人民调解工作的重要性和紧迫性

人民调解是一项社会主义法律制度，《中华人民共和国宪法》、《中华人民共和国民事诉讼法》和《人民调解委员会组织条例》等法律法规对此作出了明确规定。新中国成立以来，在党和政府的高度重视下，人民调解工作在化解民间纠纷，维护社会稳定，实现群众自治及基层民主政治建设方面发挥了重要作用。随着社会主义市场经济体制的建立和发展，以及各种利益关系的调整，出现了许多新的社会矛盾纠纷，矛盾纠纷的主体、内容日益多样化、复杂化。许多纠纷如果不能及时疏导化解，有可能发展成为群体性事件，甚至激化为刑事犯罪案件，严重干扰党和政府的中心工作，影响社会稳定和经济的持续发展。我国现有人民调解组织90多万个、人民调解员近800万人。充分调动这支队伍的积极性，发挥他们的工作优势，对于及时有效地化解新时期的社会矛盾纠纷，建立长期有效的社会矛盾纠纷调解机制，维护国家的长治久安和巩固党的执政地位，具有十分重要的意义。各级人民法院、司法行政机关和人民调解委员会要高度重视新时期人民调解工作，坚持以“三个代表”重要思想为指导，坚持依法治国、以德治国，促进人民调解工作的改革与发展，使其成为新形势下解决民间纠纷的更加坚实可靠的“第一道防线”。

二、积极推进新时期人民调解工作的改革与发展

人民调解委员会是群众性组织，其主要任务是调解民间纠纷，并通过调解工作宣传法律法规、规章和政策，教育公民遵纪守法，遵守社会公德。当前民间纠纷表现出许多新的特点，原有的人民调解工作范围、组织形式、队伍素质等已经不能完全适应新形势的需要。人民调解工作要与时俱进，开拓创新，认真总结几十年来的成功经验，借鉴其他国家的有益做法，建立新机制，研究新情况，解决突出问题。人民调解要扩大工作领域，完善组织网络，提高队伍素质，规范工作程序，增强法律效力。同时，要将人民调解工作与基层民主政治建设相结合，与社会治安综合治理相结合，与人民来信来访工作相结合，使人民调解工作在社会主义民主法制建设中发挥更大的作用。

三、巩固、健全、发展多种形式的人民调解组织

村民委员会人民调解委员会、居民委员会人民调解委员会是人民调解工作的基础，是广大群众民主自治的较好形式之一，要巩固组织，规范工作，增强活力。要结合农村基层组织建设和城市社区建设，使其得到进一步巩固和发展。要适应新形势下化解民间纠纷及维护社会稳定的需要，积极推动建立和完善乡镇、街道人民调解组织，将乡镇、街道的司法调解中心逐步规范到人民调解的工作范畴。乡镇、街道人民调解组织可以由辖区内公道正派，业务能力强，热心人民调解工作，群众威信高的人民调解员、退休法官、检察官、律师、法学工作者及司法助理员等组成。企业、事业单位设立的人民调解委员会也要巩固和完善组织，充分发挥作用。要积极稳妥地发展行业性、区域性的自律性人民调解组织。人民调解工作要采取多种组织形式，便民利民，及时化解民间纠纷。

四、规范人民调解委员会的工作

要结合新时期人民调解工作的实际情况，进一步规范人民调解的工作方式、工作程序、工作纪律，增强人民调解程序的公正性，提高人民调解委员会的工作水平和社会公信力。人民调解工作应遵循的三项基本原则是：依据法律法规、规章和政策及社会主义道德进行调解；在双方当事人自愿平等的基础上进行调解；尊重当事人的诉讼权利，不得因未经调解或者调解不成而阻止当事人向人民法院起诉。人民调解委员会调解纠纷，要坚持公开公平公正，及时化解矛盾纠纷，按规定进行登记和制作笔录，根据需要或者应当事人的请求，制作调解协议。可以邀请公安派出所等有关单位和个人参加调解工作，被邀请的单位和个人应当给予支持。人民调解委员会调解民间纠纷不收费，人民调解员要严格遵守《人民调解委员会组织条例》规定的纪律。

五、依法确认人民调解协议的法律效力

各级人民法院特别是基层人民法院及其派出的人民法庭，要认真贯彻执行《最高人民法院关于审理涉及人民调解协议的民事案件的若干规定》，对在人民调解委员会主持下达成的调解协议，一方当事人反悔而起诉到人民法院的民事案件，应当及时受理，并按照该司法解释的有关规定准确认定调解协议的性质和效力。凡调解协议的内容是双方当事人自愿达成的，不违反国家法律、行政法规的强制性规定，不损害国家、集体、第三人及社会公共利益，不具有无效、可撤销或者变更法定事由的，应当确认调解协议的法律效力，并以此作为确定当事人权利义务的依据，通过法院的裁判维护调解协议的法律效力。

六、努力提高人民调解员的素质

人民调解员应该具有较高的思想道德水平，公道正派，热心人民调解工作，能够联系群众，在群众中有威信，并有一定的法律知识和政策水平。要按照不同类型、不同层次人民调解委员会工作范围的特点和要求，明确各类人民调解员必须具备的法律水平和文化程度，定期进行培训，不断提高人民调解员的综合素质。乡镇、街道人民调解委员会可以通过民主选举与聘任相结合，不断优化人民调解员的队伍结构。

七、充分发挥人民调解工作在维护社会稳定中的作用

广大人民调解组织和人民调解员，要在基层人民政府和基层人民法院指导下，自觉围绕党和国家工作大局，以维护社会稳定为首要任务，继续发扬无私奉献精神，广泛深入地开展人民调解工作。要适应民间纠纷发展的新情况、新特点，在调解公民日常生活中发生纠纷的基础上，根据维护社会稳定的需要，积极扩大工作领域。要积极调解婚姻、家庭、邻里、赔偿等常见性、多发性纠纷，稳定社会关系。要结合本地社会经济发展的特点，针对突出的难点热点纠纷开展调解工作，缓解改革进程中的利益冲突。要把预防矛盾纠纷作为新时期人民调解工作的重点，坚持抓早、抓小、抓苗头，把矛盾纠纷解决在萌芽状态，严防民间纠纷激化而引起自杀、凶杀、群众性械斗和群体性上访事件，全力维护社会稳定。

八、人民法院要切实加强对人民调解委员会的指导

根据《中华人民共和国民事诉讼法》、《中华人民共和国人民法院组织法》的规定，指导人民调解委员会的工作是人民法院的职责。各级人民法院特别是基层人民法院及其派出的人民法庭要不断总结经验，深入探索研究，切实加强和改进对人民调解委员会工作的指导。人民法院审理涉及人民调解协议的民事案件，调解协议被人民法院生效判决变更、撤销或者确认无效的，可以适当方式告知当地司法行政机关或者人民调解委员会；发现人民调解员违反自愿原则，强迫当事人达成调解协议的，应当及时向当地司法行政机关或者人民调解委员会提出纠正的建议；要积极配合当地司法行政机关加强对人民调解员的业务培训，帮助人民调解员提高法律知识水平和调解纠纷的能力。基层人民法院及其派出的人民法庭可以通过举办培训班等方式对人民调解员进行培训或组织他们旁听案件审判，可以安排人民调解员参与庭审前的辅助性工作，也可以聘任有经验的人民调解员担任人民陪审员。

九、司法行政机关要把指导人员调解委员会的工作作为重要任务抓紧抓实

乡镇、街道司法所和司法助理员，要认真履行职能，指导人民调解委员会的日常工作。要适应新时期人民调解工作改革与发展的需要，不断加强人民调解工作的规范化、程序化、制度化建设。司法行政机关要注意总结推广人民调解工作的成功经验和做法，针对新情况新问题，不断研究和探索加强人民调解工作的思路与途径。要与人民法院密切配合，共同加强对人民调解工作的指导，积极推动新时期人民调解工作的改革与发展，为维护社会稳定做出积极的贡献。

最高人民法院、司法部关于进一步加强新形势下人民调解工作的意见

（2007 年 8 月 23 日　司发〔2007〕10 号）

各省、自治区、直辖市高级人民法院、司法厅（局），解放军军事法院，新疆维吾尔自治区高级人民法院新疆生产建设兵团分院、新疆生产建设兵团司法局：

近年来，在党中央、国务院的正确领导和支持下，在各级党委、政府的重视支持和各级人民法院、司法行政机关的指导下，各地认真贯彻落实《中共中央办公厅、国务院办公厅关于转发〈最高人民法院、司法部关于进一步加强新时期人民调解工作的意见〉的通知》（中办发〔2002〕23 号），自觉围绕党委、政府中心工作，广泛深入开展人民调解工作，取得了显著成绩。人民调解组织逐步健全，人民调解员队伍不断发展，人民调解工作领域不断拓展，规范化水平不断提高，有效预防和及时化解了大量矛盾纠纷，为维护社会稳定、促进社会和谐、推动经济社会发展做出了积极贡献。党的十六届六中全会通过的《中共中央关于构建社会主义和谐社会若干重大问题的决定》，对构建社会主义和谐社会做出了全面部署，其中对人民调

解工作提出了明确要求。构建社会主义和谐社会，给人民调解工作赋予了更大的责任，提供了更广阔的舞台。为深入贯彻落实党的十六大和十六届六中全会精神，充分发挥人民调解在构建社会主义和谐社会中的积极作用，现就进一步加强新形势下人民调解工作提出如下意见。

一、充分认识加强新形势下人民调解工作的重要意义。人民调解制度是一项中国特色社会主义法律制度。加强新形势下人民调解工作，是构建社会主义和谐社会的客观要求，是预防和化解矛盾纠纷、促进社会和谐稳定的有效途径，在社会矛盾纠纷调解工作体系中具有基础作用。当前，我国社会总体上是和谐稳定的，经济持续平稳较快发展，综合国力大幅度提高，社会事业不断进步，人民生活不断改善，社会主义民主政治建设稳步推进。但影响社会和谐稳定的因素仍大量存在。随着经济体制深刻变革，社会结构深刻变动，利益格局深刻调整，思想观念深刻变化，我国经济社会生活中还会出现新的矛盾和问题。在长期实践中，我国形成了调解、仲裁、诉讼等多种矛盾纠纷化解方式。人民调解组织遍布城乡、网络健全，人民调解员植根基层、贴近群众，人民调解工作具有平等协商、互谅互让、不伤感情、成本低、效率高的特点，易为人民群众所接受，在化解矛盾纠纷中具有独特优势。加强人民调解工作，及时化解矛盾纠纷，促进人与人的和谐相处，促进民主法治建设，促进社会安定有序，既是构建社会主义和谐社会的重要内容，又是构建社会主义和谐社会的重要保障。各级人民法院、司法行政机关，要充分认识人民调解工作在构建社会主义和谐社会中的重要作用，进一步增强责任感和使命感，把加强人民调解工作贯穿于构建社会主义和谐社会整个过程，不断推进人民调解工作改革发展，最大限度地增加和谐因素，最大限度地减少不和谐因素。当前和今后一个时期人民调解工作总的要求是：以邓小平理论和“三个代表”重要思想为指导，深入贯彻落实科学发展观，深入贯彻落实党的十六大和十六届六中全会精神，深入贯彻落实党中央、国务院关于做好人民调解工作的一系列重要指示精神，深入贯彻落实中办发〔2002〕23号文件精神，坚持围绕中心、服务大局，以人为本、服务群众，以化解矛盾纠纷为主线，进一步发挥人民调解化解矛盾纠纷的功能、预防矛盾纠纷的功能和法制宣传教育的功能，进一步加强人民调解组织和队伍建设，进一步加强人民调解工作法制化、规范化建设，积极推进人民调解工作创新，不断完善中国特色人民调解制度，积极化解矛盾纠纷，维护社会和谐稳定，为构建社会主义和谐社会和全面建设小康社会做出新的贡献。

二、积极化解矛盾纠纷。以化解社会矛盾纠纷为主线，进一步发挥人民调解化解矛盾纠纷的功能。要加强婚姻、家庭、邻里、损害赔偿和生产经营等常见性、多发性矛盾纠纷的调解工作，促进家庭和谐、邻里和睦，维持和发展和谐的人际关系和社会关系。努力适应新形势下矛盾纠纷发展变化的趋势，大力拓展调解领域，依法调解公民与法人、公民与其他社会组织之间的纠纷，积极参与城乡建设、土地承包、环境保护、劳动争议、医患纠纷、征地拆迁等社会热点、难点纠纷的调解，促进解决民生问题，缓解利益冲突，密切党群干群关系。对调解不成的，要及时主动向当地党委、政府汇报，依靠党委政府和基层组织妥善解决，努力维护社会和谐稳定。

三、认真做好矛盾纠纷预防工作。把预防矛盾纠纷作为新形势下人民调解工作的重点，进一步强化人民调解预防矛盾纠纷的功能。建立健全矛盾纠纷情报信息网络，完善信息收集、报送、分析制度，准确了解掌握民间矛盾纠纷信息，及时发现可能导致矛盾纠纷的潜在因素，对各类矛盾纠纷信息做出快速反应、及时处置。建立健全矛盾纠纷定期排查制度，立足抓早抓小抓苗头，认真做好矛盾纠纷排查调处工作，努力把矛盾纠纷消灭在萌芽状态，防止简单民间纠纷转化为刑事案件，引发群体性事件。建立健全矛盾纠纷信息反馈机制，及时向基层党委、政府反映社情民意，提出工作建议，当好党委、政府化解矛盾纠纷、维护社会稳定的参谋助手。

四、强化人民调解的法制宣传教育功能。要把个案调解与有针对性地开展法制宣传教育结合起来，开展生动活泼的法制宣传教育活动，增强当事人和广大群众的法律意识，教育引导广大群众遵纪守法，通过合法的渠道反映合理的诉求，依法维护自己的合法权益。要把人民调解与宣传党和国家的方针政策结合起来，教育引导人民群众理解支持党和政府的政策措施，自觉维护改革发展稳定的大局。要把人民调解与思想道德教育结合起来，宣传以“八荣八耻”为主要内容的社会主义荣辱观，宣传社会公德、职业道德和家庭美德，提高人民群众的思想道德水平。

五、进一步加强人民调解与诉讼程序的衔接配合。人民调解组织要依法调解矛盾纠纷，规范制作人民调解协议书。各级人民法院特别是基层人民法院及其派出的人民法庭，要严格按照《最高人民法院关于审理涉及人民调解协议的民事案件的若干规定》，及时受理涉及人民调解协议的民事案件，并依法确认人民调解协议的法律效力。当事人持已经生效的人民调解协议向人民法院申请支付令的，人民法院应当及时审查，符合法定条件的，应当及时发出支付令。人民法院对于常见性、多发性的简单民事纠纷，在当事人起诉时或立案前，可以引导当事人通过人民调解解决矛盾纠纷。人民法院对于进入诉讼程序的民事案件，在征得当事人的同意后，可以委托人民调解组织对案件进行调解。人民法院对刑事自诉案件和其他轻微刑事案件，可以根据案件实际情况，参照民事调解的原则和程序，尝试推动当事人和解，尝试委托人民调解组织调解。

六、积极推进人民调解工作创新。要创新人民调解工作理念。坚持以人为本，服务群众，把维护群众切身利益、促进民生问题解决作为人民调解工作的根本出发点。要创新人民调解工作方法。根据矛盾纠纷的性质、难易程度以及当事人的具体情况，充分利用

"村头"、"地头"、"街头""炕头"调解等适应基层特点的、群众喜闻乐见的方式，综合运用教育、协商、疏导等办法，因地制宜、不失时机地开展人民调解工作。充分依靠人民群众开展调解工作，引导群众自我管理、自我服务、自我教育、自我约束。注意邀请专家学者和有关部门的工作人员参与专业性较强的纠纷调解工作。积极探索运用网络、通讯等现代科技手段开展人民调解工作，方便人民群众，提高工作效率。要创新人民调解工作机制。把人民调解工作与基层民主政治建设相结合，与社会治安综合治理相结合，与人民来信来访工作相结合。积极推进人民调解、行政调解和司法调解的有效衔接，着力构建在党委政府领导下，以人民调解为基础，人民调解、行政调解和司法调解相互衔接、相互补充的调解工作体系。

七、大力推进人民调解法制化、规范化建设。坚持公开、公平、公正的要求，遵循依法调解、平等自愿、尊重当事人诉讼权利的原则，依法规范调解，维护当事人合法权益。立足人民调解的性质和特点，规范人民调解工作范围。细化调解工作流程，规范人民调解工作程序。建立健全人民调解委员会的岗位责任制、重大纠纷讨论、回访等制度，规范人民调解工作管理。制定人民调解员行为规范，严格人民调解工作纪律。继续推进统一人民调解文书格式和标识徽章工作。要积极推动人民调解立法工作，修改完善有关法规制度，确保人民调解工作有法可依、依法进行。

八、大力加强人民调解组织建设。要结合农村基层组织建设和城市社区建设，进一步巩固和发展村（居）人民调解委员会。切实加强乡镇（街道）调解组织建设，健全完善乡镇（街道）人民调解组织，充分发挥其化解疑难复杂纠纷、指导村（居）调解组织开展工作的作用。进一步加强企事业单位调解组织建设，着力推进改制企业、民营企业、中外合资企业和外资企业调解组织建设。积极稳妥地发展区域性、行业性的自律性调解组织，积极推进在流动人口聚居区、毗邻接边地区、大型集贸市场、物业管理小区、消费者协会等建立调解组织，建立健全组织网络，活跃人民调解工作，不断增强自身活力。

九、大力加强人民调解员队伍建设。健全完善人民调解员选任、聘任制度，按照《人民调解工作若干规定》中人民调解员选任条件，调整、充实、健全人民调解员队伍。积极吸纳退休法官、检察官、警官，以及律师、公证员、法律工作者等志愿者参与人民调解工作，不断优化调解员队伍的知识结构。要加大人民调解员培训力度，把调解员培训纳入司法行政队伍培训计划，坚持统一规划、分级实施，切实加强人民调解员培训工作，重点加强对人民调解小组长和人民调解骨干的培训，不断提高人民调解员的政治素质、业务能力和调解技巧。要切实关心爱护广大人民调解员，帮助解决实际困难，解除他们的后顾之忧，引导好、发挥好、保护好他们的工作积极性。要大力宣传表彰在人民调解工作中做出突出贡献的人民调解组织和人民调解员，总结推广他们的好经验、好做法，推动人民调解工作不断发展。

十、切实保障人民调解经费。要根据新形势下人民调解工作发展的实际需要，积极推进建立人民调解经费财政保障机制，切实提高人民调解工作物质保障能力。要根据当地经济社会发展水平，不断提高人民调解委员会工作经费和人民调解员补贴标准。要认真贯彻落实《财政部司法部关于进一步加强人民调解工作经费保障的意见》，把司法行政机关指导人民调解工作经费、人民调解委员会工作经费和人民调解员补贴经费列入财政预算，切实予以保障。要切实加强人民调解经费管理，研究制定使用管理办法，管好用好人民调解经费。

十一、进一步加强对人民调解工作指导。各级人民法院和司法行政机关要进一步加强协调配合，共同履行好指导人民调解工作的法定职责。要积极向党委、政府报告，争取党委、政府的领导和重视，把人民调解工作列入党委、政府工作日程，研究解决人民调解工作中遇到的重大问题。各级人民法院和司法行政机关，要深入基层、深入群众，加强调查研究，了解把握新形势下人民调解工作的规律和特点，采取有针对性的措施，不断加强人民调解的组织建设、队伍建设和规范化建设，推动本地区人民调解工作深入发展。要一切从实际出发，区别不同地区、不同行业、不同层次的人民调解组织的不同情况，实施分类指导。人民法庭和司法所要切实加强对人民调解组织日常工作的指导和监督，不断提高人民调解工作的质量和水平。要认真落实党中央、国务院关于加强“两所一庭”建设的指示精神，大力加强人民法庭和司法所基础设施建设、业务建设、队伍建设，加大对直接负有人民调解工作指导责任的人民法官和司法行政工作人员的教育培训力度。不断提高他们指导人民调解工作的能力和水平，努力推进人民调解工作改革发展，为构建社会主义和谐社会和全面建设小康社会做出新的贡献。

最高人民法院关于
建立健全诉讼与非诉讼相衔接的
矛盾纠纷解决机制的若干意见

（2009年7月24日　法发〔2009〕45号）

为发挥人民法院在建立健全诉讼与非诉讼相衔接的矛盾纠纷解决机制方面的积极作用，促进各种纠纷解决机制的发展，现制定以下意见。

一、明确主要目标和任务要求

1. 建立健全诉讼与非诉讼相衔接的矛盾纠纷解决机制的主要目标是：充分发挥人民法院、行政机关、社会组织、企事业单位以及其他各方面的力量，促进各种纠纷解决方式相互配合、相互协调和全面发展，做好诉讼与非诉讼渠道的相互衔接，为人民群众提供更多可供选择的纠纷解决方式，维护社会和谐稳定，促进经济社会又好又快发展。

2. 建立健全诉讼与非诉讼相衔接的矛盾纠纷解决机制的主要任务是：充分发挥审判权的规范、引导和监督作用，完善诉讼与仲裁、行政调处、人民调解、商事调解、行业调解以及其他非诉讼纠纷解决方式之间的衔接机制，推动各种纠纷解决机制的组织和程序制度建设，促使非诉讼纠纷解决方式更加便捷、灵活、高效，为矛盾纠纷解决机制的繁荣发展提供司法保障。

3. 在建立健全诉讼与非诉讼相衔接的矛盾纠纷解决机制的过程中，必须紧紧依靠党委领导，积极争取政府支持，鼓励社会各界参与，充分发挥司法的推动作用；必须充分保障当事人依法处分自己的民事权利和诉讼权利。

二、促进非诉讼纠纷解决机制的发展

4. 认真贯彻执行《中华人民共和国仲裁法》和相关司法解释，在仲裁协议效力、证据规则、仲裁程序、裁决依据、撤销裁决审查标准、不予执行裁决审查标准等方面，尊重和体现仲裁制度的特有规律，最大程度地发挥仲裁制度在纠纷解决方面的作用。对于仲裁过程中申请证据保全、财产保全的，人民法院应当依法及时办理。

5. 认真贯彻执行《中华人民共和国劳动争议调解仲裁法》和相关司法解释的规定，加强与劳动、人事争议等仲裁机构的沟通和协调，根据劳动、人事争议案件的特点采取适当的审理方式，支持和鼓励仲裁机制发挥作用。对劳动、人事争议仲裁机构不予受理或者逾期未作出决定的劳动、人事争议事项，申请人向人民法院提起诉讼的，人民法院应当依法受理。

6. 要进一步加强与农村土地承包仲裁机构的沟通和协调，妥善处理农村土地承包纠纷，努力为农村改革发展提供强有力的司法保障和法律服务。当事人对农村土地承包仲裁机构裁决不服而提起诉讼的，人民法院应当及时审理。当事人申请法院强制执行已经发生法律效力的裁决书和调解书的，人民法院应当依法及时执行。

7. 人民法院要大力支持、依法监督人民调解组织的调解工作，在审理涉及人民调解协议的民事案件时，应当适用有关法律规定。

8. 为有效化解行政管理活动中发生的各类矛盾纠纷，人民法院鼓励和支持行政机关依当事人申请或者依职权进行调解、裁决或者依法作出其他处理。调解、裁决或者依法作出的其他处理具有法律效力。当事人不服行政机关对平等主体之间民事争议所作的调解、裁决或者其他处理，以对方当事人为被告就原争议向人民法院起诉的，由人民法院作为民事案件受理。法律或司法解释明确规定作为行政案件受理的，人民法院在对行政行为进行审查时，可对其中的民事争议一并审理，并在作出行政判决的同时，依法对当事人之间的民事争议一并作出民事判决。

行政机关依法对民事纠纷进行调处后达成的有民事权利义务内容的调解协议或者作出的其他不属于可诉具体行政行为的处理，经双方当事人签字或者盖章后，具有民事合同性质，法律另有规定的除外。

9. 没有仲裁协议的当事人申请仲裁委员会对民事纠纷进行调解的，由该仲裁委员会专门设立的调解组织按照公平中立的调解规则进行调解后达成的有民事权利义务内容的调解协议，经双方当事人签字或者盖章后，具有民事合同性质。

10. 人民法院鼓励和支持行业协会、社会组织、企事业单位等建立健全调解相关纠纷的职能和机制。经商事调解组织、行业调解组织或者其他具有调解职能的组织调解后达成的具有民事权利义务内容的调解协议，经双方当事人签字或者盖章后，具有民事合同性质。

11. 经《中华人民共和国劳动争议调解仲裁法》规定的调解组织调解达成的劳动争议调解协议，由双方当事人签名或者盖章，经调解员签名并加盖调解组织印章后生效，对双方当事人具有合同约束力，当事人应当履行。双方当事人可以不经仲裁程序，根据本意见关于司法确认的规定直接向人民法院申请确认调解协议效力。人民法院不予确认的，当事人可以向劳动争议仲裁委员会申请仲裁。

12. 经行政机关、人民调解组织、商事调解组织、行业调解组织或者其他具有调解职能的组织对民事纠纷调解后达成的具有给付内容的协议，当事人可以按照《中华人民共和国公证法》的规定申请公证机关依法赋予强制执行效力。债务人不履行或者不适当履行具有强制执行效力的公证文书的，债权人可以依法向有管辖权的人民法院申请执行。

13. 对于具有合同效力和给付内容的调解协议，债权人可以根据《中华人民共和国民事诉讼法》和相关司法解释的规定向有管辖权的基层人民法院申请支付令。申请书应当写明请求给付金钱或者有价证券的数量和所根据的事实、证据，并附调解协议原件。

因支付拖欠劳动报酬、工伤医疗费、经济补偿或者赔偿金事项达成调解协议，用人单位在协议约定期限内不履行的，劳动者可以持调解协议书依法向人民法院申请支付令。

三、完善诉讼活动中多方参与的调解机制

14. 对属于人民法院受理民事诉讼的范围和受诉人民法院管辖的案件，人民法院在收到起诉状或者口头起诉之后、正式立案之前，可以依职权或者经当事人申请后，委派行政机关、人民调解组织、商事调解组织、行业调解组织或者其他具有调解职能的组织进行调解。当事人不同意调解或者在商定、指定时间内不能达成调解协议的，人民法院应当依法及时立案。

15. 经双方当事人同意，或者人民法院认为确有必要的，人民法院可以在立案后将民事案件委托行政机关、人民调解组织、商事调解组织、行业调解组织或者其他具有调解职能的组织协助进行调解。当事人可以协商选定有关机关或者组织，也可商请人民法院确定。

调解结束后，有关机关或者组织应当将调解结果告知人民法院。达成调解协议的，当事人可以申请撤诉、申请司法确认，或者由人民法院经过审查后制作调解书。调解不成的，人民法院应当及时审判。

16. 对于已经立案的民事案件，人民法院可以按照有关规定邀请符合条件的组织或者人员与审判组织共同进行调解。调解应当在人民法院的法庭或者其他办公场所进行，经当事人同意也可以在法院以外的场所进行。达成调解协议的，可以允许当事人撤诉，或者由人民法院经过审查后制作调解书。调解不成的，人民法院应当及时审判。

开庭前从事调解的法官原则上不参与同一案件的开庭审理，当事人同意的除外。

17. 有关组织调解案件时，在不违反法律、行政法规强制性规定的前提下，可以参考行业惯例、村规民约、社区公约和当地善良风俗等行为规范，引导当事人达成调解协议。

18. 在调解过程中当事人有隐瞒重要事实、提供虚假情况或者故意拖延时间等行为的，调解员可以给予警告或者终止调解，并将有关情况报告委派或委托人民法院。当事人的行为给其他当事人或者案外人造成损失的，应当承担相应的法律责任。

19. 调解过程不公开，但双方当事人要求或者同意公开调解的除外。

从事调解的机关、组织、调解员，以及负责调解事务管理的法院工作人员，不得披露调解过程的有关情况，不得在就相关案件进行的诉讼中作证，当事人不得在审判程序中将调解过程中制作的笔录、当事人为达成调解协议而作出的让步或者承诺、调解员或者当事人发表的任何意见或者建议等作为证据提出，但下列情形除外：

（一）双方当事人均同意的；

（二）法律有明确规定的；

（三）为保护国家利益、社会公共利益、案外人合法权益，人民法院认为确有必要的。

四、规范和完善司法确认程序

20. 经行政机关、人民调解组织、商事调解组织、行业调解组织或者其他具有调解职能的组织调解达成的具有民事合同性质的协议，经调解组织和调解员签字盖章后，当事人可以申请有管辖权的人民法院确认其效力。当事人请求履行调解协议、请求变更、撤销调解协议或者请求确认调解协议无效的，可以向人民法院提起诉讼。

21. 当事人可以在书面调解协议中选择当事人住所地、调解协议履行地、调解协议签订地、标的物所在地基层人民法院管辖，但不得违反法律对专属管辖的规定。当事人没有约定的，除《中华人民共和国民事诉讼法》第三十四条规定的情形外，由当事人住所地或者调解协议履行地的基层人民法院管辖。经人民法院委派或委托有关机关或者组织调解达成的调解协议的申请确认案件，由委派或委托人民法院管辖。

22. 当事人应当共同向有管辖权的人民法院以书面形式或者口头形式提出确认申请。一方当事人提出申请，另一方表示同意的，视为共同提出申请。当事人提出申请时，应当向人民法院提交调解协议书、承诺书。人民法院在收到申请后应当及时审查，材料齐备的，及时向当事人送达受理通知书。双方当事人签署的承诺书应当明确载明以下内容：

（一）双方当事人出于解决纠纷的目的自愿达成协议，没有恶意串通、规避法律的行为；

（二）如果因为该协议内容而给他人造成损害的，愿意承担相应的民事责任和其他法律责任。

23. 人民法院审理申请确认调解协议案件，参照适用《中华人民共和国民事诉讼法》有关简易程序的规定。案件由审判员一人独任审理，双方当事人应当同时到庭。人民法院应当面询问双方当事人是否理解所达成协议的内容，是否接受因此而产生的后果，是否愿意由人民法院通过司法确认程序赋予该协议强制执行的效力。

24. 有下列情形之一的，人民法院不予确认调解协议效力：

（一）违反法律、行政法规强制性规定的；

（二）侵害国家利益、社会公共利益的；

（三）侵害案外人合法权益的；

（四）涉及是否追究当事人刑事责任的；

（五）内容不明确，无法确认和执行的；

（六）调解组织、调解员强迫调解或者有其他严重违反职业道德准则的行为的；

（七）其他情形不应当确认的。

当事人在违背真实意思的情况下签订调解协议，或者调解组织、调解员与案件有利害关系、调解显失公正的，人民法院对调解协议效力不予确认，但当事人明知存在上述情形，仍坚持申请确认的除外。

25. 人民法院依法审查后，决定是否确认调解协议的效力。确认调解协议效力的决定送达双方当事人后发生法律效力，一方当事人拒绝履行的，另一方当事人可以依法申请人民法院强制执行。

五、建立健全工作机制

26. 有条件的地方人民法院可以按照一定标准建立调解组织名册和调解员名册，以便于引导当事人选择合适的调解组织或者调解员调解纠纷。人民法院可以根据具体情况及时调整调解组织名册和调解员名册。

27. 调解员应当遵守调解员职业道德准则。人民法院在办理相关案件过程中发现调解员与参与调解的案件有利害关系，可能影响其保持中立、公平调解的，或者调解员有其他违反职业道德准则的行为的，应当告知调解员回避、更换调解员、终止调解或者采取其他适当措施。除非当事人另有约定，人民法院不允许调解员在参与调解后又在就同一纠纷或者相关纠纷进行的诉讼程序中作为一方当事人的代理人。

28. 根据工作需要，人民法院指定院内有关单位或者人员负责管理协调与调解组织、调解员的沟通联络、培训指导等工作。

29. 各级人民法院应当加强与其他国家机关、社会组织、企事业单位和相关组织的联系，鼓励各种非诉讼纠纷解决机制的创新，通过适当方式参与各种非诉讼纠纷解决机制的建设，理顺诉讼与非诉讼相衔接过程中出现的各种关系，积极推动各种非诉讼纠纷解决机制的建立和完善。

30. 地方各级人民法院应当根据实际情况，制定关于调解员条件、职业道德、调解费用、诉讼费用负担、调解管理、调解指导、衔接方式等规范。高级人民法院制定的相关工作规范应当报最高人民法院备案。基层人民法院和中级人民法院制定的相关工作规范应当报高级人民法院备案。

最高人民法院印发《关于进一步贯彻“调解优先、调判结合”工作原则的若干意见》的通知

（2010 年 6 月 7 日　法发〔2010〕16 号）

“调解优先、调判结合”工作原则是认真总结人民司法实践经验，深刻分析现阶段形势任务得出的科学结论，是人民司法优良传

统的继承和发扬，是人民司法理论和审判制度的发展创新，对于充分发挥人民法院调解工作在化解社会矛盾、维护社会稳定、促进社会和谐中的积极作用，具有十分重要的指导意义。为进一步贯彻该工作原则，特制定本意见。

一、牢固树立调解意识，进一步增强贯彻“调解优先、调判结合”工作原则的自觉性

1. 深刻认识新时期加强人民法院调解工作的重要性。全面加强调解工作，是继承中华民族优秀文化和发扬人民司法优良传统的必然要求，是发挥中国特色社会主义司法制度政治优势的必然要求，是维护社会和谐稳定的必然要求，是充分发挥人民法院职能作用的必然要求。

我国正处于经济社会发展的重要战略机遇期和社会矛盾凸显期，维护社会和谐稳定的任务艰巨繁重。深入推进社会矛盾化解、社会管理创新、公正廉洁执法三项重点工作，是人民法院在新形势下履行自身历史使命的必然要求，是人民法院积极回应人民群众关切的必然要求，也是当前和今后一个时期人民法院的首要工作任务。“调解优先、调判结合”既是推动矛盾化解的重要原则，也是社会管理创新的重要内容，又是对法官司法能力的考验。深入推进三项重点工作，必须坚决贯彻这一工作原则，不断增强调解意识，积极创新调解机制，努力提高调解能力，着力推动人民调解、行政调解、司法调解“三位一体”大调解工作体系建设，有效化解社会矛盾，真正实现案结事了，为保障经济社会又好又快发展，维护社会和谐稳定，提供更加有力的司法保障和服务。

2. 牢固树立“调解优先”理念。调解是高质量审判，调解是高效益审判，调解能力是高水平司法能力。调解有利于化解社会矛盾，实现案结事了，有利于修复当事人之间的关系，实现和谐。各级法院要深刻认识调解在有效化解矛盾纠纷、促进社会和谐稳定中所具有的独特优势和重要价值，切实转变重裁判、轻调解的观念，把调解作为处理案件的首要选择，自觉主动地运用调解方式处理矛盾纠纷，把调解贯穿于立案、审判和执行的各个环节，贯穿于一审、二审、执行、再审、申诉、信访的全过程，把调解主体从承办法官延伸到合议庭所有成员、庭领导和院领导，把调解、和解和协调案件范围从民事案件逐步扩展到行政案件、刑事自诉案件、轻微刑事案件、刑事附带民事案件、国家赔偿案件和执行案件，建立覆盖全部审判执行领域的立体调解机制。要带着对当事人的真挚感情，怀着为当事人解难题、办实事的愿望去做调解工作。要做到能调则调，不放过诉讼和诉讼前后各个阶段出现的调解可能性，尽可能把握一切调解结案的机会。

3. 准确认识和把握“调解优先、调判结合”工作原则。要紧紧围绕“案结事了”目标，正确处理好调解与裁判这两种审判方式的关系。在处理案件过程中，首先要考虑用调解方式处理；要做到调解与裁判两手都要抓，两手都要硬；不论是调解还是裁判，都必须立足于有效化解矛盾纠纷、促进社会和谐，定分止争，实现法律效果与社会效果的有机统一。要根据每个案件的性质、具体情况和当事人的诉求，科学把握运用调解或者裁判方式处理案件的基础和条件。对于有调解可能的，要尽最大可能促成调解；对于没有调解可能的、法律规定不得调解的案件，要尽快裁判，充分发挥调解与裁判两种手段的作用。既要注意纠正不顾办案效果、草率下判的做法，也要注意纠正片面追求调解率、不顾当事人意愿强迫调解的做法。要努力实现调解结案率和息诉服判率的“两上升”，实现涉诉信访率和强制执行率的“两下降”，推动人民法院调解工作迈上新台阶，实现新发展。

二、完善调解工作制度，抓好重点环节，全面推进调解工作

4. 进一步强化民事案件调解工作。各级法院特别是基层法院要把调解作为处理民事案件的首选结案方式和基本工作方法。对依法和依案件性质可以调解的所有民事案件都要首先尝试通过运用调解方式解决，将调解贯穿于民事审判工作的全过程和所有环节。

对最高人民法院《关于适用简易程序审理民事案件的若干规定》第十四条规定的婚姻家庭纠纷、继承纠纷、劳务合同纠纷、交通事故和工伤事故引起的权利义务关系较为明确的损害赔偿纠纷、宅基地和相邻关系纠纷、合伙协议纠纷、诉讼标的额较小的民事纠纷，在开庭审理时应当先行调解。但是根据案件的性质和当事人的实际情况不能调解或者显然没有调解必要的除外。

要下大力气做好以下民事案件的调解工作：事关民生和群体利益、需要政府和相关部门配合的案件；可能影响社会和谐稳定的群体性案件、集团诉讼案件、破产案件；民间债务、婚姻家庭继承等民事纠纷案件；案情复杂、难以形成证据优势的案件；当事人之间情绪严重对立的案件；相关法律法规没有规定或者规定不明确、适用法律有一定困难的案件；判决后难以执行的案件；社会普遍关注的敏感性案件；当事人情绪激烈、矛盾激化的再审案件、信访案件。

对最高人民法院《关于人民法院民事调解工作若干问题的规定》第二条规定的适用特别程序、督促程序、公示催告程序、破产还债程序的案件，婚姻关系、身份关系确认案件以及其他依案件性质不能进行调解的民事案件，不予调解。

5. 积极探索刑事案件调解、和解工作。要在依法惩罚犯罪的同时，按照宽严相济刑事政策的要求，通过积极有效的调解工作，化解当事人恩怨和对抗情绪，促进社会和谐。

要根据刑事诉讼法有关规定，积极开展刑事自诉案件调解工作，促进双方自行和解。对被告人认罪悔过，愿意赔偿被害人损失，取得被害人谅解，从而达成和解协议的，可以由自诉人撤回起诉，或者对被告人依法从轻或免予刑事处罚。对民间纠纷引发的轻伤害等轻微刑事案件，诉至法院后当事人自行和解的，应当准许并记录在案。也可以在不违反法律规定的前提下，对此类案件尝试做一些促进和解的工作。

对刑事附带民事诉讼案件，要在调解的方法、赔偿方式、调解案件适用时间、期间和审限等方面进行积极探索，把握一切有利于附带民事诉讼调解结案的积极因素，争取达成民事赔偿调解协议，为正确适用法律和执行宽严相济刑事政策创造条件。

6. 着力做好行政案件协调工作。在依法维护和监督行政机关依法行使行政职权的同时，要针对不同案件特点，通过积极有效的协调、和解，妥善化解行政争议。

在不违背法律规定的前提下，除了对行政赔偿案件依法开展调解外，在受理行政机关对平等主体之间的民事争议所作的行政裁决、行政确权等行政案件，行政机关自由裁量权范围内的行政处罚、行政征收、行政补偿和行政合同等行政案件，以及具体行政行为违法或者合法但不具有合理性的行政案件时，应当重点做好案件协调工作。

对一些重大疑难、影响较大的案件，要积极争取党委、人大支持和上级行政机关配合，邀请有关部门共同参与协调。对具体行政行为违法或者合法但不具有合理性的行政案件，要通过协调尽可能促使行政机关在诉讼中自行撤销违法行为，或者自行确认具体行政行为无效，或者重新作出处理决定。

7. 努力做好执行案件和解工作。要进一步改进执行方式，充分运用调解手段和执行措施，积极促成执行和解，有效化解执行难题。

对被执行财产难以发现的，要充分发挥执行联动威慑机制的作用，通过限制高消费措施、被执行人报告财产制度，以及委托律师调查、强制审计、公安机关协查等方式方法，最大限度地发现被执行人的财产，敦促被执行人提出切实可行的还款计划。

对被执行人系危困、改制、拟破产企业的，要协调有关部门和被执行人，综合运用执行担保、以物抵债、债转股等方式，促成双方当事人达成执行和解协议。

8. 进一步做好诉前调解工作。在收到当事人起诉状或者口头起诉之后、正式立案之前，对于未经人民调解、行政调解、行业调解等非诉讼纠纷解决方式调处的案件，要积极引导当事人先行就近、就地选择非诉讼调解组织解决纠纷，力争将矛盾纠纷化解在诉前。

当事人选择非诉讼调解的，应当暂缓立案；当事人不同意选择非诉讼调解的，或者经非诉讼调解未达成协议，坚持起诉的，经审查符合相关诉讼法规定的受理条件的，应当及时立案。

要进一步加强与人民调解组织、行政调解组织以及其他调解组织的协调与配合，有条件的基层法院特别是人民法庭应当设立诉前调解工作室或者“人民调解窗口”，充分发挥诉前调解的案件分流作用。

9. 进一步强化立案调解工作。在案件立案之后、移送审判业务庭之前，要充分利用立案窗口“第一时间接触当事人、第一时间了解案情”的优势，积极引导当事人选择调解方式解决纠纷。

对事实清楚、权利义务关系明确、争议不大的简单民事案件，在立案后应当及时调解；对可能影响社会和谐稳定的群体性案件、集团诉讼案件，敏感性强、社会广泛关注的案件，在立案后也要尽可能调解。对当事人拒绝调解的，无法及时与当事人及其委托代理人取得联系的，或者案情复杂、争议较大的案件，以及法律规定不得调解的案件，应当在立案后及时移送审理。对在调解过程中发现案件涉及国家利益、社会公共利益和第三人利益的，案件需要审计、评估、鉴定的，或者需要人民法院调查取证的，应当终结调解程序，及时移送审理。

立案阶段的调解应当坚持以效率、快捷为原则，避免案件在立案阶段积压。适用简易程序的一审民事案件，立案阶段调解期限原则上不超过立案后10日；适用普通程序的一审民事案件，立案阶段调解期限原则上不超过20日，经双方当事人同意，可以再延长10日。延长的调解期间不计入审限。

10. 积极探索和加强庭前调解工作。在案件移送审判业务庭、开庭审理之前，当事人同意调解的，要及时进行调解。要进一步加强庭前调解组织建设，有条件的人民法院可以探索建立专门的庭前调解组织。要进一步优化审判资源配置，有条件的人民法院可以探索试行法官助理等审判辅助人员开展庭前调解工作，提高调解工作效率，减轻审判人员的工作负担。

11. 继续抓好委托调解和协助调解工作。在案件受理后、裁判作出前，经当事人同意，可以委托有利于案件调解解决的人民调解、行政调解、行业调解等有关组织或者人大代表、政协委员等主持调解，或者邀请有关单位或者技术专家、律师等协助人民法院进行调解。调解人可以由当事人共同选定，也可以经双方当事人同意，由人民法院指定。当事人可以协商确定民事案件委托调解的期限，一般不超过30日。经双方当事人同意，可以顺延调解期间，但最长不超过60日。延长的调解期间不计入审限。人民法院委托调解人调解，应当制作调解移交函，附送主要案件材料，并明确委托调解的注意事项和当事人的相关请求。

12. 大力做好再审案件调解工作。对历时时间长、认识分歧较大的再审案件，当事人情绪激烈、矛盾激化的再审案件，改判和维持效果都不理想的再审案件，要多做调解、协调工作，尽可能促成当事人达成调解、和解协议。对抗诉再审案件，可以邀请检察机关协助人民法院进行调解；对一般再审案件，可以要求原一、二审法院配合进行调解；对处于执行中的再审案件，可以与执行部门协调共同做好调解工作。

13. 扎实做好调解回访工作。对于已经达成调解协议的，各级法院可以通过实地见面访、远程通讯访或者利用基层调解工作网络委托访等形式及时回访，督促当事人履行调解协议。对于相邻权、道路交通事故、劳动争议等多发易发纠纷的案件，应当将诉讼调解向后延伸，实现调解回访与息诉罢访相结合，及时消除不和谐苗头，巩固调解成果，真正实现案结事了。

14. 注重发挥律师和法律援助机构在调解工作中的积极作用。各级法院要积极推动、引导律师和法律援助机构参与或者主持调解、和解，共同做好调解工作。要积极探索，争取当地司法行政部门、律师协会的支持，注意解决律师风险代理收费与调解结案之间的矛盾。要积极推动律师协会建立推荐优秀律师担任调解员的制度，推进律师和法律援助机构参与或者主持调解工作的制度化、规范化。对于在调解工作中成绩突出的律师和法律援助机构，人民法院应当向当地司法行政部门、律师协会提出予以表彰和奖励的建议。

三、规范调解活动，创新调解工作机制，提高调解工作质量

15. 切实贯彻当事人自愿调解原则。要积极引导并为双方当事人达成调解协议提供条件、机会和必要的司法保障。除了法律另有规定的以外，要尊重当事人选择调解或者裁判方式解决纠纷的权利，尊重当事人决定调解开始时机、调解方式方法和调解协议内容的权利。要在各个诉讼环节，针对当事人的文化知识、诉讼能力的不同特点，用通俗易懂的语言，进行释法解疑，充分说明可能存在的诉讼风险，引导当事人在充分认识自身权利义务的基础上，平等自愿地解决纠纷。

16. 切实贯彻合法调解原则。要依法规范调解过程中法官审判权的行使，确保调解程序符合有关法律规定，不得违背当事人自愿去强迫调解，防止以判压调、以拖促调。要及时查明当事人之间的纠纷争执点和利益共同点，准确合理确定当事人利益关系的平衡点，维持双方当事人权利义务基本均衡，确保调解结果的正当性。要认真履行对调解协议审查确认职责，确保调解协议的内容不违反法律规定，不损害国家利益、社会公共利益、第三人利益以及社会公序良俗，正确发挥司法调解的功能，切实维护公平正义。

17. 科学把握当判则判的时机。要在加强调解的同时，切实维护当事人合法权益，注意防止不当调解和片面追求调解率的倾向，不得以牺牲当事人合法权益为代价进行调解。对当事人虚假诉讼或者假借调解拖延诉讼的，应依法及时制止并做出裁判；对一方当事人提出的方案显失公平，勉强调解会纵容违法者、违约方，且使守法者、守约方的合法权益受损的，应依法及时裁判；对调解需要花费的时间精力、投入的成本与解决效果不成正比的，应依法及时裁判；对涉及国家利益或者社会公共利益的案件，具有法律适用指导意义的案件，或者对形成社会规则意识有积极意义的案件，应注意依法及时裁判结案，充分发挥裁判在明辨是非、规范行为、惩恶扬善中的积极作用。

18. 加强对调解工作的监督管理。要充分考虑调解工作的特点，建立健全有利于调解工作科学发展的审判流程管理体系。要落实最高人民法院《关于人民法院民事调解工作若干问题的规定》第四条、第六条关于特定情况下的和解、调解期间不计入审限的规定，合理放宽对调解案件适用时间、期间和审限的限制。当事人愿意进行调解，但审理期限即将届满的，可以由当事人协商确定继续调解的期限，经人民法院审查同意后，由承办法官记录在卷。案件有达成调解协议的可能，当事人不能就继续调解的期限达成一致的，经本院院长批准，可以合理延长调解期限。同时，要针对各类调解案件在审理流程中不同环节的特点，确定合理的案件流转程序，避免在调判对接、调判转换环节因效率不高而延长案件处置周期；要加强对调解工作的跟踪管理和评查，及时纠正调解工作中存在的问题，着重解决硬调、久调不决等问题，确保调解工作质量。

19. 进一步加强对法官在调解工作中的职业行为约束。各级法院的法官，在调解过程中要注重着装仪表，约束举止言行，保持客观公正，平等保护各方当事人合法权益，不偏袒一方。根据案件的具体情况，法官可以在调解过程中分别做各方当事人的调解工作，但不得违反有关规定，私自单方面会见当事人及其委托的代理人。

20. 进一步规范调解协议督促条款、担保履行条款的适用。在调解过程中，要关注义务履行人的履行能力和履行诚意，在确保调解协议内容具体、明确并具有可执行性的同时，注重引导当事人适用最高人民法院《关于人民法院民事调解工作若干问题的规定》第十条、第十一条规定的督促条款和担保履行条款，提高调解协议的自动履行率。对原告因质疑被告履行调解协议的诚意而不愿调解的案件、争议标的额较大的案件，以及调解协议确定的履行期限较长或者分期履行的案件，可以通过适用督促条款、担保履行条款，促进调解协议的达成，促使义务履行人自动履行调解协议。要注意总结调解经验，制定规范性的表述方式，明确条款的生效条件，防止调解结案后双方当事人对协议条款内容的理解产生歧义。

21. 建立健全类型化调解机制。要不断总结调解经验，努力探索调解规律，建立健全以调解案件分类化、调解法官专业化、调解方法特定化为内容的类型化调解机制，建立相应的调解模式，提高调解同类案件的工作效率和成功率。要根据案件利益诉求、争议焦点的相似性，对道路交通事故损害赔偿纠纷、医疗损害赔偿纠纷、劳动争议等案件试行类型调解模式，实现“调解一案、带动一片”的效果。要根据类型案件的特点，选配具有专业特长、经验丰富的法官调解，鼓励法官加强对类型案件调解理论和方法的梳理和研究，将经过实践检验行之有效的个案调解方法，提升为同类案件的调解技巧，不断丰富调解的形式和手段。

22. 建立健全调解工作激励机制。要修改完善调解工作统计指标体系，完善统计口径，要从统计和考核民事案件调解情况，发展到对诉前、立案、庭前、庭中、庭后、执行、再审、申诉、信访等诸环节的调解案件，以及刑事、行政等各项调解、和解和协调工作进行统计和考核。在考核指标体系方面，在适当考虑办案数量、结案率和改判发回率的同时，突出对办案社会效果的考核，加大调解撤诉率、服判息诉率、申请再审率、申诉率、信访率、强制执行率和调解案件自动履行率等指标的权重。要建立健全能够反映调解工作量和社会效果的量化考核体系和考评方法，作为评价各级法院调解工作成效的标准和法官业绩考评的参考依据，正确引导调解工作方向，提高调解水平。

23. 建立健全调解能力培养长效机制。要及时总结调解工作经验，整理典型案例，加强对调解工作的指导。要把调解能力培养列入法官年度和专门培训计划，要以提高做群众工作的能力为核心，着力加强调解能力建设。要继续推行法官教法官、新进人员到基层和信访窗口接受锻炼等做法，鼓励法官深入社会、深入实践、深入基层，深刻把握社情民意，了解本地风俗习惯，学会运用群众语言，不断贴近人民群众，切实增强调解工作的效果。

24. 建立健全调解保障机制。各级法院要积极争取当地党委和政府的支持，把调解工作经费纳入财政预算。要积极争取中央政法补助专款资金和省级财政配套资金支持，充分发挥专款资金的使用效益，加大对调解工作的经费投入。要在经费、装备和人员编制等方面向基层法院和人民法庭倾斜，加大投入，进一步夯实调解工作基层基础。要争取专项经费支持，为参与调解的特邀调解员、委托调解人提供经费保障，对在调解工作中成绩突出的特邀调解员、委托调解人，要予以表彰和奖励。

四、进一步推动“大调解”工作体系建设，不断完善中国特色纠纷解决机制

25. 坚持在党委领导和政府支持下推进工作体系建设。各级法院要紧紧依靠党委领导，积极争取政府支持，鼓励社会各界参与，充分发挥司法的推动作用，将人民调解、行政调解、司法调解“大调解”工作体系建设纳入推进三项重点工作的整体部署。在坚持三大调解各司其职的前提下，充分发挥司法的引导、保障作用，加强与人民调解、行政调解在程序对接、效力确认、法律指导等方面的协调配合，及时把社会矛盾纠纷化解在基层和萌芽状态，有力促进社会和谐稳定。

26. 推动“大调解”工作网络体系的建立。各级法院要加强与村委会、居委会、工会、共青团、妇联、侨联等组织密切配合，形成化解社会矛盾的合力。要充分利用自身的资源来支持其他调解组织开展工作，有条件的地方可以在基层法院和人民法庭设立人民调解工作室等必要的办公场所，为其他组织调处纠纷提供支持，同时也要注意利用其他社会组织和有关部门的调解资源。可以在处理纠纷比较多的派出所、交警队、妇联、工会等单位设立巡回调解点。要建立以人大代表、政协委员、基层干部、人民陪审员、离退休干部以及社会各界人士组成的覆盖各级、各部门、各行业的特邀调解员、调解志愿者网络库，加强与人民调解、行政调解组织网络的对接，逐步形成资源共享、力量共用、良性互动的“大调解”工作网络体系。

27. 加强在“大调解”工作体系中的沟通协调。各级法院要加强与各级联席会议、人民调解、行政调解以及其他调解组织的联系，及时掌握矛盾纠纷排查情况，紧紧抓住影响社会和谐稳定的源头性、根本性 、基础性问题，充分发挥不同调解组织的职能互补作用，引导不同类型的矛盾纠纷由不同的调解组织解决，相互借力、共谋调处。要依靠党委的领导和“大调解”工作体系，对可能起诉到人民法院的重大案件提前做好工作预案，对已受理的重大或群体性案件，要充分依托“大调解”工作体系协调相关职能部门稳妥处置化解。

28. 加强对人民调解、行政调解的法律指导。各级法院要加强与人民调解、行政调解组织的工作沟通和经验交流，相互学习借鉴好经验、好做法，共同提高调解水平。要积极开展对“大调解”工作中新情况、新问题的分析研究，加强对人民调解、行政调解组织的指导，帮助人民调解、行政调解组织完善工作程序，规范调解行为。要配合司法行政机关等政府职能部门和有关组织，指派审判经验丰富的审判人员采取“以案代训”、“观摩调解”等方式对人民调解员、行政调解人员开展培训。对人民法院变更、撤销或者确认无效的调解协议及其原因，应当以适当方式及时反馈给相关调解组织，并就审理中发现的问题提出意见和建议。

29. 进一步完善调解衔接机制。对经人民调解、行政调解、行业调解或者其他具有调解职能的组织调解达成的协议，需要确认效力的，有管辖权的人民法院应当依法及时审查确认；符合强制执行条件的，人民法院应当依法及时执行。具有债权内容的诉讼外调解协议，经公证机关依法赋予强制执行效力的，债权人可以向被执行人住所地或者被执行的财产所在地人民法院申请执行。

司法部关于企业、事业单位建立、健全人民调解组织的几点意见

（1990 年 3 月 31 日）

各省、自治区、直辖市司法厅（局）：

《人民调解委员会组织条例》（以下简称《条例》）第十五条规定："企业、事业单位根据需要设立的人民调解委员会，参照本条例执行。"这一规定为建立、健全企事业单位人民调解组织提供了依据，是人民调解制度的重大发展。企事业单位人民调解工作既是我国人民调解制度的组成部分，也是企事业单位民主、法制建设和精神文明建设的重要内容。实践证明，企事业单位人民调解工作对于维护正常的生产和生活秩序，促进生产的发展和改革的深入；对于调动职工从事生产的积极性，调整职工之间的人际关系，维护群众的和睦团结和社会安定的局面，落实"稳定压倒一切"的指示精神；对于企业领导从繁杂的纠纷中解脱出来，集中精力抓生产、抓改革，都具有重要的作用和意义。为了建立、健全企事业单位的人民调解

组织，加强人民调解工作，根据《条例》和企事业单位人民调解工作的实践，提出如下意见：

一、企业、事业单位人民调解委员会的性质和任务

企业、事业单位人民调解委员会是企事业单位内部通过选举产生的调解民间纠纷的群众性组织。本单位党委或行政领导下工作。人民调解委员会的具体任务是：1. 调解职工、家属之间有关人身、财产权益和其他日常生活中发生的民间纠纷，预防矛盾激化。2. 调解或协同有关部门的调解组织联合调解本单位职工与其他单位职工、街邻之间的纠纷。3. 通过调解工作宣传法律、法规、规章和政策，宣传厂规、厂纪，教育职工和家属遵纪守法，遵守劳动纪律，尊重社会公德。4. 协助调解本单位职工之间在生产、经营中发生的纠纷。5. 向本单位领导反映民间纠纷及调解工作情况，反映群众意见、要求和建议。6. 指导下属调解组织和调解人员的工作。

二、企业、事业单位调解组织的建立

参照《条例》并结合自身的特点，企事业单位调解组织应按生产劳动单位或者经营管理组织建立。即：厂（公司）设人民调解委员会；车间设调解小组；班组设调解员。人数多的大中型企事业单位，为了便于开展调解工作，人民调解委员会可以设在分厂或者车间。

企事业单位人民调解委员会由三至九人组成，委员由职工代表大会或者职工大会选举产生，主任、副主任由委员会从委员中推选产生。调解小组由三至五人组成，设组长一人，必要时可以设副组长一人，其成员由车间职工大会民主选举产生。调解员由班组职工直接选举产生。企事业单位的人民调解委员会委员每两年改选一次，可以连选连任。

根据企事业单位男女职工的人数，为了便于工作，调解组织成员中男女职工应有适当比例。

调解组织成员不能任职时，由原选举单位补选或调整；调解组织成员严重失职或者违法乱纪的，由原选举单位撤换。

调解组织成员应坚持“四项基本原则”，为人公正，联系群众，热心人民调解工作，并有一定的法律知识和政策水平。

三、企业、事业单位人民调解组织的业务指导与管理

司法行政机关是指导企事业单位人民调解工作的职能部门。各级司法行政机关要加强调解组织建设的指导，逐步实现组织网络化，工作制度化，业务规范化。认真贯彻落实“调防结合、以防为主”的方针。对企业深化改革和治理整顿中出现的新情况、新问题应及时进行研究，针对职工思想动向和纠纷产生的规律，尤其是对带有共性的纠纷，及时地提出指导意见，全面做好预防纠纷和防止纠纷激化的工作。

各级司法行政机关应广泛利用各种手段，宣传调解工作对企事业单位物质文明建设和精神文明建设的作用和意义，提高企事业单位领导对建立人民调解组织，开展调解工作的重要性和必要性的认识，把人民调解工作作为企业管理的一个组成部分，纳入企业政治思想工作轨道。

大中型企业是国民经济的支柱和骨干。各地要首先抓好建立、健全大中型企业、“三资”企业和当地骨干企业调解组织的组建工作，通过上述企业调解组织的建立和工作的开展，进一步推动其他企事业单位把人民调解组织普遍建立起来。

各级司法行政机关要积极指导和协助企事业单位加强对调解人员的培训工作，提高他们的法律知识水平和调解纠纷的能力，并不断总结推广企事业单位人民调解工作的先进经验。

近年来，一些企事业单位为了加强对人民调解工作的领导和管理，在主管部门设立了人民调解工作领导小组；大中型企事业单位设立了人民调解工作管理机构；小型企业配备了专职人民调解工作管理干部。实践证明，上述做法为管理指导本行业或者本单位人民调解组织建设和工作开展提供了组织保证，值得借鉴。

为了更好地开展人民调解工作，企事业单位应重视解决人民调解工作经费。对成绩显著的调解组织和调解人员应当及时予以表彰和奖励，并保证从事调解工作人员必要的政治、生活、福利待遇，不应因从事调解工作而影响他们级别、职称的评定，以推进企事业单位调解工作全面健康地发展。

在个别企事业单位中，将调解组织与保卫部门合并，或者在保卫部门领导下工作，这样容易造成治调合一，调罚不分，不利于人民调解工作原则的落实，应当采取适当的办法予以纠正。

四、企业、事业单位人民调解委员会的工作原则和纪律

《条例》规定的人民调解的基本原则，是从人民调解工作的实践中总结出来的，对调解工作具有普遍指导意义，是完成人民调解任务必不可少的规则。企事业单位人民调解委员会在履行其各项职责时，必须遵循《条例》规定，依据法律、法规、规章和政策进行调解，法律、法规、规章和政策没有明确规定的，依据社会公德进行调解；必须在双方当事人自愿平等的基础上进行调解；尊重当事人的诉讼权利，不得因未经调解或者调解不成而阻止当事人向人民法院起诉。

人民调解工作的长期实践证明，制定和加强人民调解委员会的工作纪律是搞好调解工作的重要保证，每个调解人员都应当自觉地养成严格的组织性和纪律性，做遵纪守法的模范。企事业单位人民调解组织成员在工作中，不得徇私舞弊，不得对当事人压制、打击报复；不得侮辱、处罚当事人；不得泄露当事人的隐私；不得吃请受礼，以维护调解人员的崇高荣誉。

财政部、司法部关于进一步加强人民调解工作经费保障的意见

（2007年7月9日　财行〔2007〕179号）

各省、自治区、直辖市财政厅（局）、司法厅（局），新疆生产建设兵团财务局、司法局：

人民调解制度是在党的领导下，继承发扬我国民间调解的传统并不断发展完善起来的一项重要法律制度。党的十六届六中全会提出了构建社会主义和谐社会的战略任务，对人民调解工作提出了新的更高的要求。为确保人民调解工作正常开展，调动广大调解员积极性，充分发挥人民调解在化解矛盾纠纷、维护社会稳定中的独特作用，现就进一步加强人民调解工作经费保障的问题提出如下意见：

一、人民调解工作经费的开支范围

根据司法部、财政部修订的《司法业务费开支范围的规定》［（85）司发计字第384号］和人民调解工作发展的需要，人民调解工作经费的开支范围包括司法行政机关指导人民调解工作经费、人民调解委员会工作补助经费、人民调解员补贴经费。

1. 司法行政机关指导人民调解工作经费包括：人民调解工作宣传经费、培训经费、表彰奖励费等；

2. 人民调解委员会补助经费是指对人民调解委员会购置办公文具、文书档案和纸张等的补助费；

3. 人民调解员补贴经费是指发放给被司法行政部门正式聘请的人民调解员调解纠纷的生活补贴费。

二、人民调解工作经费的保障办法

1. 司法行政机关指导人民调解工作经费列入同级财政预算。

2. 为支持人民调解委员会和人民调解员的工作，地方财政根据当地经济社会发展水平和财力状况，适当安排人民调解委员会补助经费和人民调解员补贴经费。乡镇（街道）、村（居）委会、企事业单位等设立人民调解委员会和人民调解员的机构应继续在各方面对其提供支持。

3. 人民调解委员会补助经费、人民调解员补贴经费的安排和发放应考虑每个人民调解委员会及调解员调解纠纷的数量、质量、纠纷的难易程度、社会影响大小以及调解的规范化程度。补助和补贴标准可由县级司法行政部门商同级财政部门确定。

三、人民调解工作经费的管理

1. 人民调解工作经费由各级财政部门会同司法行政部门共同管理。司法行政部门要每年编报经费预算，报同级财政部门审批；使用过程中要严格把关，杜绝弄虚作假、瞒报、虚报现象。财政部门要加强对司法行政部门人民调解工作经费管理的监督检查。

2. 财政部门和司法行政部门要加强协调配合，及时研究解决工作中遇到的新情况、新问题，将人民调解工作经费保障落到实处，促进人民调解工作的进一步发展。

司法部关于开展矛盾纠纷“大排查、大调解”专项活动的意见

（2012年2月10日）

各省、自治区、直辖市司法厅（局），新疆生产建设兵团司法局、监狱管理局：

为全面贯彻落实中央关于加强和创新社会管理的决策部署，贯彻落实全国政法工作电视电话会议和全国司法厅（局）长会议精神，深入贯彻实施《人民调解法》，进一步深化三项重点工作，充分发挥人民调解职能作用，更加扎实有效地预防化解社会矛盾，为党的十八大胜利召开营造和谐稳定的社会环境，司法部决定 2012 年在全国组织开展矛盾纠纷“大排查、大调解”专项活动。现提出如下意见：

一、充分认识开展矛盾纠纷“大排查、大调解”专项活动的重要意义

2012 年是实施“十二五”规划承上启下的一年，党的第十八次代表大会即将召开，营造一个和谐稳定的社会环境至关重要。目前，我国仍处在经济转轨、社会转型的关键时期，社会管理难度明显加大，加强和创新社会管理面临前所未有的挑战。人民调解组织分布广泛、人民调解员人数众多，直接面对群众，在预防化解社会矛盾、维护社会稳定工作中具有独特的优势。开展矛盾纠纷“大排查、大调解”专项活动，组织广大人民调解组织和人民调解员，集中时间，集中力量，采取多种手段，排查化解一大批矛盾纠纷，有利于充分发挥人民调解在社会矛盾纠纷调解工作体系中的基础性作用，有利于更加深入地贯彻实施《人民调解法》，深化三项重点工作，巩固和扩大“争当人民调解能手”活动成效，最大限度地把矛盾纠纷解决在基层，化解在萌芽状态。各级司法行政机关和广大人民调解组织要充分认识开展专项活动的重要性，切实把思想统一到司法部的部署上来，统一到全面贯彻实施《人民调解法》的具体实践上来，认真总结近年来开展“人民调解化解矛盾纠纷专项攻坚活动”和“争当人民调解能手”活动的成功经验，坚持围绕中心、服务大局，坚持以人为本、服务为民，以开展矛盾纠纷“大排查、大调解”专项活动为载体，深入开展矛盾纠纷排查化解工作，不断开创人民调解工作新局面，为促进经济平稳较快发展、维护社会和谐稳定作出新贡献，以优异的成绩迎接党的十八大胜利召开。

二、指导思想和活动目标

（一）指导思想

以邓小平理论和“三个代表”重要思想为指导，深入贯彻落实科学发展观，全面贯彻落实党的十七大、十七届三中、四中、五中、六中全会和全国政法工作电视电话会议精神，认真贯彻实施《人民调解法》，以营造和谐稳定的社会环境为目标，以化解社会矛盾、维护社会稳定为着力点，以人民群众满意为标准，坚持统筹安排、立足预防、重在化解、健全机制、稳步推进的工作思路，紧紧围绕党委、政府中心工作，扎实组织开展矛盾纠纷“大排查、大调解”专项活动，全力做好矛盾纠纷排查化解工作，妥善化解各类矛盾纠纷，全力维护社会和谐稳定。

（二）活动目标

通过开展矛盾纠纷“大排查、大调解”专项活动，群众表达诉求渠道更加畅通，群众反映比较强烈的、多年积累的矛盾纠纷得到及时化解，群体性事件、民转刑案件、群体性上访事件明显减少，矛盾纠纷调解率、调解成功率、协议履行率、人民群众满意率明显提高。通过开展矛盾纠纷“大排查、大调解”专项活动，人民调解组织建设进一步加强，村（居）人民调解组织实现全覆盖，乡镇（街道）人民调解组织巩固提高，企事业单位人民调解组织数量大幅攀升，行业性、专业性人民调解组织大发展；队伍建设进一步加强，人民调解员队伍素质明显提高，调解能力、技巧和水平明显增强，专业化、社会化调解员队伍发展壮大；业务建设进一步加强，调解矛盾纠纷的质量大幅提升，数量大幅增加，工作领域不断拓展；制度建设进一步加强，形成一套适应形势要求和工作实际的制度体系。人民调解的影响力和社会公信力不断提高，中国特色的人民调解制度全面发展、创新，在社会主义法治文化建设中的作用日益显现。

三、主要任务

（一）认真组织开展矛盾纠纷大排查活动

采取普遍排查和重点排查相结合，定期排查和专项排查相结合。坚持以块为主、条块结合。村（居）人民调解委员会负责排查本村（居）范围内的矛盾纠纷和隐患，乡镇（街道）人民调解委员会负责排查本辖区内的矛盾纠纷和隐患，企事业单位人民调解委员会负责排查本单位的矛盾纠纷和隐患，行业性、专业性人民调解委员会排查本行业或专业领域的矛盾纠纷和隐患，形成全覆盖、无盲区的网格化大排查工作格局。

1. 普遍排查。广泛动员司法所工作人员、人民调解员深入到村组、社区、厂矿、企业全方位排查摸底，了解纠纷信息，掌握纠纷苗头。完善人民调解委员会每半月组织一次、乡镇（街道）司法所每月组织一次、县（市、区）司法局每季度组织一次的矛盾纠纷排查制度，开展普遍排查。

2. 重点排查。组织司法行政工作人员、人民调解员深入到困难人群多、矛盾纠纷多、工作难度大的村组、社区、厂矿、企事业单位，开展有针对性的排查，重点排查涉及民生的医疗纠纷、交通事故、拖欠农民工工资、劳动争议、山林土地、征地拆迁、互联网等矛盾纠纷，排查越级上访、治安隐患、群体性事件等苗头线索，做到底数清、情况明。

3. 专项排查。根据党委、政府的统一部署，在重要节点、敏感时段，针对特定区域、特定行业和领域开展专项排查。

（二）集中力量开展矛盾纠纷大调解活动

根据矛盾纠纷的不同类型、化解的难易程度、可能造成的社会影响和后果的严重程度，认真制定方案，及时进行调解，防止矛盾激化。

1. 化解一般纠纷。对在排查过程中发现的邻里、婚姻家庭、房屋宅基地等常见性、多发性矛盾纠纷，坚持抓早、抓小、抓苗头，及时就地化解。

2. 化解疑难复杂纠纷。对于排查出来的疑难复杂矛盾纠纷，党委、政府交办的矛盾纠纷，相关部门委托移交的矛盾纠纷，要组织专门力量、制定调解预案、采取有效措施最大限度地就地及时化解。对于多年积压、长期未得到有效解决的矛盾纠纷，要协调各有关部门集中攻坚化解。

3. 化解专业性、行业性纠纷。对涉及民生的拖欠农民工工资、劳动争议、山林土地、征地拆迁、医疗纠纷、道路交通事故、治安案件民事损害赔偿等特殊行业和专门领域的纠纷，要及时化解，没有成立相关行业性、专业性人民调解组织的，要根据本地实际尽快指导成立。同时，要整合律师、公证、法律援助、司法考试、司法鉴定等各方力量，共同做好专业性矛盾纠纷化解工作。

4. 化解热点难点纠纷。要紧紧围绕党和国家工作大局，围绕党委、政府关注和人民群众关心的社会热点、难点纠纷开展工作，切实提高对社会热点、敏感问题的应对能力，为开展重大活动、完成重大任务、应对重大事件服务。

5. 防止纠纷激化。要积极开展预防激化工作，在调解纠纷过程中，人民调解组织对于有可能激化的矛盾纠纷，应当采取有针对性的预防措施；对有可能引起治安案件、刑事案件的纠纷，要在稳定事态的基础上及时报告，配合党委、政府及有关部门疏导化解。

四、方法步骤

活动于2012年2月开始，至2012年12月底结束，分为三个阶段：

（一）宣传动员阶段（2月10日至2月29日）。各级司法行政机关要成立由主要领导任组长的活动领导小组，制定实施方案，明确责任分工，认真做好活动的前期准备工作。要通过召开会议、下发文件等形式层层动员，增强开展活动的积极性、主动性。要充分利用电视、广播、报刊、网络、条幅、标语等方式广泛宣传“大排查、大调解”专项活动，使这项活动家喻户晓，为活动的顺利开展创造良好的舆论氛围和社会环境。

（二）全面实施阶段（3 月 1 日至 10 月 31 日）。要组织广大基层司法行政工作人员、人民调解委员会和人民调解员，对各类矛盾纠纷和苗头性隐患进行全面、深入、细致的拉网式大排查，既要做好普遍排查，又要做好重点排查，既要排查遗留的老问题，也要排查出现的新隐患。对排查出的矛盾纠纷和苗头隐患，要逐一登记建档、认真分类梳理。要充分发挥人民调解扎根基层、贴近群众、熟悉民情的优势，在纠纷当事人自愿基础上，力求及时就地化解矛盾。对关系复杂、诉求多元、涉及部门多的疑难复杂纠纷，以及可能引发群体性事件、越级上访等矛盾纠纷，要在做好当事人思想工作的同时，及时向当地党委、政府和有关部门汇报，主动热情地帮助当事人解决纠纷。要切实加强人民调解与行政调解、司法调解的衔接配合，充分发挥人民调解在化解矛盾纠纷工作体系中的基础作用，形成工作合力，有效化解矛盾纠纷。

（三）巩固提高阶段（11 月 1 日至 12 月 31 日）。各地要坚持边排查、边化解、边总结、边提高，加强对矛盾纠纷排查化解预防工作的研究，总结好、提炼好、固化好成功的经验和做法，出台符合实际、操作性强的矛盾纠纷排查化解预防制度，探索建立健全一套行之有效的制度体系和工作机制。同时，要注意发现和树立活动中涌现出的先进典型，总结、宣传和推广他们的经验和事迹，充分发挥先进典型的示范和带动作用。

五、活动要求

（一）加强组织领导。各级司法行政机关要把开展矛盾纠纷“大排查、大调解”专项活动作为今年司法行政的重要工作，列入议事日程，摆上重要位置，成立“一把手”任组长的领导小组，制定活动实施方案，切实研究好、部署好、组织好、实施好。要树立全局意识和“一盘棋”思想，不仅要组织全国广大人民调解组织、人民调解员参与，还要动员组织司法行政机关工作人员，律师、公证员、基层法律服务工作者、法律援助工作者、司法鉴定人等积极参与，形成工作合力。要积极向党委、政府和有关部门汇报，争取重视和支持，努力把活动纳入当地党委、政府整体工作部署加以谋划和推进。要结合各地实际，把活动纳入中央社会管理综合治理委员会部署开展的社会矛盾大排查、大调处活动，最大限度地把矛盾纠纷化解在基层、解决在萌芽状态。

（二）转变工作作风。在开展活动过程中，要切实发扬求真务实的作风，设身处地为群众着想，真心实意为群众办事，把矛盾调处的过程，作为践行党的宗旨、服务群众的过程。要组织司法行政机关工作人员深入基层参与矛盾纠纷化解，在实践中及时掌握开展的情况、及时发现存在的问题、及时予以指导纠正。要采取“包市、包县、包乡、包村、包案、包化解”的方式，明确责任人，切实化解本地区多年积累、长期未得到有效解决的矛盾纠纷，群众反映强烈、社会影响大的矛盾纠纷以及党委、政府交办的矛盾纠纷。要研究解决促进人民调解工作发展的机制性、保障性问题，为活动开展创造必要条件、提供有力保障。

（三）加强宣传工作。要重视宣传工作，充分利用报刊、杂志、广播、电视等宣传媒体，大力宣传人民调解工作，努力创造浓厚的工作氛围，使这次活动为党委政府重视，为社会各界所知晓，为人民群众所支持。要大力宣传活动中表现突出的先进事迹和典型案例，宣传人民调解工作的作用，提高人民调解工作的影响力和社会公信力，使社会各界和广大群众了解、支持和参与人民调解工作，更多地选择人民调解方式解决矛盾纠纷。

（四）加强信息报送工作。要加强信息收集报送工作，认真编辑活动简报、信息或专刊，介绍交流活动开展情况、经验做法和成效，及时报送党委、政府、有关部门和上级司法行政机关。各省（区、市）司法厅（局）要根据专项活动各阶段时间安排，对工作情况进行总结，形成书面材料，在各阶段结束后 5 日内报司法部基层司。在活动开展期间，要全面及时地对排查、化解矛盾纠纷的情况进行登记和统计，认真汇总分析，以月报形式报送《人民调解案件情况统计表》，报送时间为次月 10 日前。活动的重大事项、重要情况请及时报部。

司法部关于进一步加强行业性、专业性人民调解工作的意见

（2014 年 9 月 30 日 司发通〔2014〕109 号）

各省、自治区、直辖市司法厅（局），新疆生产建设兵团司法局：

为全面贯彻落实党的十八大、十八届三中全会精神，深入贯彻落实习近平总书记系列重要讲话精神和对司法行政工作重要指示精神，进一步发挥人民调解在化解行业、专业领域矛盾纠纷中的重要作用，维护社会和谐稳定，深入推进平安中国建设，现就进一步加强行业性、专业性人民调解工作提出如下意见。

一、充分认识进一步加强行业性、专业性人民调解工作的重要性和必要性

近年来，各级司法行政机关认真贯彻落实人民调解法和司法部《关于加强行业性、专业性人民调解委员会建设的意见》（司发通〔2011〕93 号），大力推进行业性、专业性人民调解工作，取得了明显成效。三年多来，建立了行业性、专业性人民调解组织 3 万多个，人民调解员近 13 万人，共化解行业、专业领域矛盾纠纷 300 多万件，为维护社会和谐稳定作出了积极贡献。实践证明，开展行业性、专业性人民调解工作，是围绕中心、服务大局，充分发挥人民调解职能作用的重要举措，是新时期人民调解工作的创新、发展，是人民调解制度的丰富、完善。但由于行业性、专业性人民调解工作开展时间不长，还存在组织不健全、制度机制不完善、工作不规范、经费保障没有落实到位等问题，各地对此要高度重视，采取有效措施

切实加以解决。

随着我国改革进入攻坚期和深水区，社会稳定进入风险期，各种矛盾纠纷多发易发，影响社会和谐稳定。特别是在医疗卫生、劳动争议、环境保护等行业、专业领域的矛盾纠纷，如果不及时化解，将会影响社会稳定。有效预防和化解行业性、专业性矛盾纠纷，事关人民群众切身利益，事关社会和谐稳定大局。进一步加强行业性、专业性人民调解工作，积极推动人民调解向这些领域延伸，依法及时化解矛盾纠纷，充分发挥人民调解在社会矛盾纠纷调解体系中的基础性作用，对于创新社会治理体系、提高社会治理能力，维护相关行业领域正常秩序、维护人民群众合法权益、维护社会和谐稳定具有重要意义。

二、进一步加强行业性、专业性人民调解工作的指导思想和基本原则

（一）指导思想。全面贯彻落实党的十八大、十八届三中全会精神，深入贯彻落实习近平总书记系列重要讲话精神和对司法行政工作重要指示精神，深入贯彻落实人民调解法，大力加强行业性、专业性人民调解组织和队伍建设，进一步加强制度化、规范化建设，积极化解行业、专业领域矛盾纠纷，切实加强对行业性、专业性人民调解工作的指导，推动人民调解工作创新发展，为维护社会和谐稳定，深化平安中国建设作出新的贡献。

（二）基本原则。行业性、专业性人民调解工作要在坚持人民调解基本原则基础上，坚持党委、政府领导，司法行政机关指导，相关部门密切配合，共同推进行业性、专业性人民调解工作深入开展。要坚持以人为本，始终把维护双方当事人合法权益作为人民调解工作的出发点和落脚点，根据双方当事人需求，提供便捷服务，维护双方合法权益；坚持实事求是、因地制宜，从化解矛盾纠纷的实际需要出发，积极推动设立行业性、专业性人民调解组织，不搞一刀切；坚持尊重科学，着眼于矛盾纠纷的行业、专业特点和规律，运用专业知识，借助专业力量，提高调解的权威性和公信力；坚持改革创新，从我国基本国情出发，大力推进工作理念、制度机制和方式方法创新，努力实现行业性、专业性人民调解工作创新发展。

三、进一步加强行业性、专业性人民调解组织和队伍建设

（一）加强组织建设。行业性、专业性人民调解委员会是在司法行政机关指导下，依法设立的调解特定行业、专业领域矛盾纠纷的群众性组织。司法行政机关要加强与有关行业主管部门协调配合，根据相关行业、专业领域矛盾纠纷情况和特点，指导人民调解协会、相关行业协会等社会团体和其他组织，设立行业性、专业性人民调解委员会或依托现有的人民调解委员会设立人民调解工作室。当前，要重点加强医疗卫生、道路交通、劳动争议、物业管理、环境保护等行业性、专业性人民调解组织建设，进一步扩大人民调解工作覆盖面。对于本地相关行业、专业领域需要设立人民调解组织的，要主动向党委、政府汇报，与有关部门沟通协调，及时推动设立。已设立的行业性、专业性人民调解组织，要进一步巩固提高，规范组织名称和标牌、标识使用，健全各项制度，有效开展工作。对未设立行业性、专业性人民调解组织的，现有人民调解委员会应将辖区内行业性、专业性矛盾纠纷纳入调解范围。

（二）加强队伍建设。行业性、专业性人民调解委员会的调解员由设立单位或人民调解委员会聘任。根据矛盾纠纷的行业、专业特点，选聘具有相关专业背景和法学、心理学等专业知识的人员以及专家学者、法律服务工作者等为人民调解员，建立专兼结合、优势互补、结构合理的人民调解员队伍。通过政府购买服务等方式，配备专职人民调解员。行业性、专业性人民调解委员会主任一般由专职人民调解员担任。加强考核管理，及时了解掌握人民调解员的工作情况，对不胜任、不称职的人民调解员应及时指导聘任单位调整或解聘。加强人民调解员培训，把行业性、专业性人民调解委员会调解员培训纳入司法行政队伍培训规划。新任人民调解员须经司法行政机关培训合格后上岗。

（三）建立健全专家库。要根据化解矛盾纠纷需要，聘请相关行业或专业领域的专家学者组建人民调解专家库、成立专家咨询委员会等，为人民调解组织化解矛盾纠纷提供专业咨询和指导。

四、进一步加强行业性、专业性人民调解工作制度化、规范化建设

（一）建立健全工作制度。建立健全行业性、专业性人民调解纠纷受理、调解、履行、回访等内部工作制度，使调解工作各个环节都有章可循；建立健全纠纷移交、委托等衔接工作制度，及时受理、调解有关行业部门和单位移交、委托的矛盾纠纷；建立健全行业性、专业性人民调解组织与纠纷当事人所在地人民调解组织或单位之间联合调解制度，有效化解矛盾纠纷；建立健全信息反馈制度，及时向有关部门或单位反馈有关信息和意见建议。

（二）加强规范化建设。要依法规范行业性、专业性人民调解委员会设立和人员组成，确保人民调解群众性、自治性、民间性基本属性；规范人民调解员选聘、培训、岗位职责、工作纪律和研讨学习、年度考核等管理工作，提高人民调解员的政策业务水平和工作责任感；规范文书和卷宗制作，按照统一的文书格式和立卷归档要求，制作调解文书和调解卷宗，做到一案一卷；规范人民调解统计报送工作，确保统计数据真实、准确，报送及时，不断提高行业性、专业性人民调解工作规范化水平。

五、大力化解行业、专业领域矛盾纠纷

（一）依法及时调解。要坚持抓早抓小，及时了解掌握可能引发矛盾纠纷的不稳定因素，努力把矛盾纠纷化解在基层、消除在萌芽状态。对排查出的、当事人申请的和有关部门移送的矛盾纠纷，要及时受理，依法调解，通过教育疏导等方式，帮助当事人在平等协商、互谅互让的基础上自愿达成调解协议；对调解不成的，要引导当事人通过合法渠道解决。对涉及人员多、影响面广、容易激化的重大矛盾纠纷，应及时报告有关部门，并配合做好矛盾纠纷疏导化解工作，防止矛盾激化。

（二）注重运用专业知识调解。针对行业性、专业性矛盾纠纷行业特征明显、专业性强等特点，善于运用专业知识化解矛盾纠纷。对疑难复杂的矛盾纠纷，应充分听取专家咨询意见，必要时可委托具有资质的鉴定机构进行鉴定，确保矛盾纠纷得到科学公正处理。善于运用法、理、情相结合的方式开展调解工作，既讲法律政策、也重情理疏导，既解法结、又解心结，不断提高调解成功率、协议履行率和人民群众满意度。

（三）推进工作创新。创新工作理念，善于运用法治思维和法治方式化解矛盾纠纷，对合法诉求，应依法予以支持；对不合法、不合理的诉求，要做好疏导工作，引导当事人放弃于法无据、于理不符的要求，实现定纷止争、案结事了。创新工作方式方法，善于运用专业知识，借助专业力量和社会力量开展调解，充分运用现代科技手段开展工作，提高调解工作实效。创新工作机制，健全完善司法行政机关、人民调解委员会与相关部门、单位协调配合机制，形成工作合力；健全完善人民调解与行政调解、司法调解衔接配合机制，充分发挥人民调解在社会矛盾纠纷调解工作体系中的基础性作用。

六、切实加强对行业性、专业性人民调解工作指导

（一）加强组织领导。切实把加强行业性、专业性人民调解作为新形势下人民调解工作的重要任务，摆上重要议事日程，主动向党委、政府汇报工作，积极争取把行业性、专业性人民调解纳入当地深化平安建设的总体部署，制定出台加强行业性、专业性人民调解工作的配套政策，为行业性、专业性人民调解工作创造良好条件。加强与财政部门的协调，落实行业性、专业性人民调解委员会补助经费、调解员补贴经费等，并建立动态增长机制。加强与相关行业主管部门、设立单位的沟通协调，定期通报情况，及时研究解决工作中存在的问题。加强与基层人民法院的协调配合，通过个案指导、依法确认和执行人民调解协议等措施，提高调解质量。

（二）加强工作指导。认真分析本地区行业、专业领域矛盾纠纷发生、发展的特点和趋势，研究制定加强行业性、专业性人民调解工作的计划和安排，落实工作责任，积极推进人民调解组织队伍、业务工作和保障能力建设。坚持分类指导，加强调查研究，及时研究解决不同行业、专业领域人民调解工作的新情况、新问题，有针对性地提出指导意见，推进工作创新发展。落实人民调解员困难救助和优待抚恤政策，解决人民调解员生活困难，维护人民调解员权益，充分调动广大人民调解员的工作积极性。

（三）加强宣传表彰。通过各种形式，大力宣传行业性、专业性人民调解工作的特点优势、取得的成效和发挥的作用，大力宣传人民调解员的先进事迹和典型案例，增强社会各界和人民群众对行业性、专业性人民调解工作的了解和支持。大力表彰行业性、专业性人民调解先进集体和先进个人，增强人民调解员的荣誉感，激励他们更加积极地做好矛盾纠纷化解工作，为维护社会和谐稳定，推进平安中国建设做出新的贡献。

司法部、卫生部、保监会关于加强医疗纠纷人民调解工作的意见

（2010年1月8日　司发通〔2010〕5号）

各省、自治区、直辖市司法厅（局）、卫生厅（局），新疆生产建设兵团司法局、卫生局，各保监局：

为进一步发挥新时期人民调解工作在化解医疗纠纷、和谐医患关系、促进平安医院建设、构建社会主义和谐社会中的重要作用，

现就加强医疗纠纷人民调解工作提出如下意见：

一、高度重视人民调解工作的重要作用，积极构建和谐医患关系

构建和谐的医患关系，维护医患双方的合法权益，维持正常的医疗秩序，实现病有所医，是以改善民生为重点的社会建设的重要内容，是构建社会主义和谐社会的需要。近年来，随着我国经济、社会、文化等各项事业的快速发展，人民群众不断增长的医疗服务需求与医疗服务能力、医疗保障水平的矛盾日益突出，人民群众对疾病的诊治期望与医学技术的客观局限性之间的矛盾日益突出，因医疗产生的医患纠纷呈频发态势，严重影响医疗秩序，一些地方甚至出现了因医疗纠纷引发的群体性事件，成为影响社会稳定的突出问题。贯彻“调解优先”原则，引入人民调解工作机制，充分发挥人民调解工作预防和化解矛盾纠纷的功能，积极参与医疗纠纷的化解工作，对于建立和谐的医患关系，最大限度地消除不和谐因素，最大限度地增加和谐因素，更好地维护社会稳定具有十分重要的意义。

加强医疗纠纷人民调解工作要以邓小平理论和“三个代表”重要思想为指导，深入贯彻落实科学发展观，坚持围绕中心、服务大局，发挥人民调解扎根基层、贴近群众、熟悉民情的特点和优势，坚持合理合法、平等自愿、不妨碍当事人诉讼权利的原则，及时妥善、公平公正地化解医疗纠纷，构建和谐医患关系，维护社会和谐稳定。

二、加强医疗纠纷人民调解组织建设

医疗纠纷人民调解委员会是专业性人民调解组织。各级司法行政部门、卫生行政部门要积极与公安、保监、财政、民政等相关部门沟通，指导各地建立医疗纠纷人民调解委员会，为化解医疗纠纷提供组织保障。

要积极争取党委、政府支持，建立由党委、政府领导的，司法行政部门和卫生行政部门牵头，公安、保监、财政、民政等相关部门参加的医疗纠纷人民调解工作领导小组，明确相关部门在化解医疗纠纷、维护医疗机构秩序、保障医患双方合法权益等方面的职责和任务，指导医疗纠纷人民调解委员会的工作。

医疗纠纷人民调解委员会原则上在县（市、区）设立。各地应结合本地实际，循序渐进，有计划、有步骤开展，不搞一刀切。

三、加强医疗纠纷人民调解员队伍建设

医疗纠纷人民调解委员会人员组成，要注重吸纳具有较强专业知识和较高调解技能、热心调解事业的离退休医学专家、法官、检察官、警官，以及律师、公证员、法律工作者和人民调解员。原则上每个医疗纠纷人民调解委员会至少配备 3 名以上专职人民调解员；涉及保险工作的，应有相关专业经验和能力的保险人员；要积极发挥人大代表、政协委员、社会工作者等各方面的作用，逐步建立起专兼职相结合的医疗纠纷人民调解员队伍。

要重视和加强对医疗纠纷人民调解员的培训，把医疗纠纷人民调解员培训纳入司法行政队伍培训计划，坚持统一规划、分级负责、分期分批实施，不断提高医疗纠纷人民调解员的法律知识、医学专业知识、业务技能和调解工作水平。

四、建立健全医疗纠纷人民调解委员会的保障机制

医疗纠纷人民调解委员会调解医疗纠纷不收费。其办公场所、工作经费应当由设立单位解决。经费不足的，各级司法行政部门按照财政部、司法部《关于进一步加强人民调解工作经费保障的意见》（财行〔2007〕179 号）的要求，争取补贴。鼓励医疗纠纷人民调解委员会通过吸纳社会捐赠、公益赞助等符合国家法律法规规定的渠道筹措工作经费。

各地要按照规范化人民调解委员会建设的标准，建设医疗纠纷人民调解委员会。医疗纠纷人民调解委员会的办公场所，应设置办公室、接待室、调解室、档案室等，悬挂人民调解工作标识和“医疗纠纷人民调解委员会”标牌，配备必要的办公设施。要建立健全各项规章制度，规范工作流程，并将工作制度、工作流程和人民调解委员会组成人员加以公示。

五、规范医疗纠纷人民调解委员会的业务工作

医疗纠纷人民调解委员会受理本辖区内医疗机构与患者之间的医疗纠纷。受理范围包括患者与医疗机构及其医务人员就检查、诊疗、护理等过程中发生的行为、造成的后果及原因、责任、赔偿等问题，在认识上产生分歧而引起的纠纷。

医疗纠纷人民调解委员会调解医疗纠纷应当按照国务院《人民调解委员会组织条例》、司法部《人民调解工作若干规定》的要求，采取说服、教育、疏导等方法，促使医患双方当事人消除隔阂，在平等协商、互谅互让的基础上达成调解协议。要善于根据矛盾纠纷的性质、难易程度和当事人的具体情况，充分利用便民利民的方式，因地制宜地开展调解工作，切实提高人民调解工作质量。需要进行相关鉴定以明确责任的，经双方同意，医疗纠纷人民调解委员会可以委托有法定资质的专业鉴定机构进行鉴定。调解成功的一般应当制作人民调解协议书，人民调解委员会应当督促当事人履行协议。

六、加强医疗纠纷人民调解工作的指导管理

各级司法行政部门和卫生行政部门应当加强沟通与协作，通过医疗纠纷人民调解工作领导小组加强对医疗纠纷人民调解工作的指导。要建立健全联席会议制度，定期召开会议，通报工作情况，共同研究和解决工作中遇到的困难和问题。

司法行政部门要会同卫生、保监、财政、民政等部门加强对医疗纠纷人民调解委员会的监督指导，建立医学、法学专家库，提供专业咨询指导，帮助医疗纠纷人民调解委员会做到依法、规范调解。要对医疗纠纷人民调解员的工作进行定期评估，帮助他们不断改进工作。

卫生行政部门要指导各级各类医疗机构坚持“以病人为中心”，

提高医疗质量，注重人文关怀，加强医患沟通，正确处理事前防范与事后调处的关系，通过分析典型医疗纠纷及其特点进行针对性改进，预防和减少医疗纠纷的发生。各省、自治区、直辖市卫生行政部门可根据本地实际情况，对公立医疗机构就医疗纠纷与患者自行和解的经济补偿、赔偿最高限额等予以规定。

七、进一步健全和完善医疗责任保险制度

各地要积极推进医疗责任保险工作。司法行政部门要指导医疗纠纷人民调解组织加强与卫生行政部门、保险部门的沟通，建立信息共享、互动合作的长效工作机制。各级卫生行政部门要组织公立医疗机构参加医疗责任保险，鼓励和支持其他各级各类医疗机构参加医疗责任保险。保监部门要鼓励、支持和引导保险公司积极依托医疗纠纷人民调解机制，处理涉及医疗责任保险的有关保险赔案，在医疗纠纷调解委员会主持下达成的调解协议，是医疗责任保险理赔的依据。形成医疗纠纷人民调解和保险理赔互为补充、互相促进的良好局面。

八、加大医疗纠纷人民调解工作宣传表彰力度

要引导新闻单位坚持正面宣传报道为主，大力宣传医疗卫生工作者为维护人民群众的身体健康和生命安全所作出的不懈努力和无私奉献；宣传医德高尚、医术精湛的正面典型，弘扬正气，增强医患之间的信任感；客观宣传生命科学和临床医学的特殊性、高科技性和高风险性，引导群众理性对待可能发生的医疗风险和医疗损害纠纷，优化医疗执业环境，增进社会各界对医学和医疗卫生工作的尊重、理解和支持。要加强对医疗纠纷人民调解工作的宣传，通过多种形式，借助有关媒体大力宣传医疗纠纷人民调解工作的特点、优势、方法、程序以及调解协议的效力，引导纠纷当事人尽可能地通过调解的方式解决纠纷。对于在医疗纠纷人民调解工作中表现突出的先进集体和先进个人应当予以大力表彰和宣传。

公安部、司法部、中国保险监督管理委员会关于推行人民调解委员会调解道路交通事故民事损害赔偿工作的通知

（2010 年 6 月 23 日　公通字〔2010〕29 号）

各省、自治区、直辖市公安厅、局，司法厅、局，各中资财产保险公司、各保监局，中国保险行业协会：

2009 年下半年，公安部、司法部相关部门就人民调解委员会调解道路交通事故民事损害赔偿纠纷进行了先期试点，取得初步成效。为总结推广试点工作经验，全面推行人民调解委员会调解道路交通事故民事损害赔偿工作，充分发挥人民调解委员会在化解道路交通事故损害赔偿矛盾纠纷方面的积极作用，现将有关工作要求通知如下：

一、加强组织领导，明确工作目标

人民调解委员会调解道路交通事故民事损害赔偿，是贯彻中央政法委“三项重点工作”部署，推动行业性、专业性人民调解工作开展，创新道路交通事故处理和人民调解工作机制，深入推进社会矛盾纠纷化解的一项重要举措，有利于充分发挥人民调解工作预防和化解矛盾纠纷的功能，进一步减少道路交通事故损害赔偿引发的矛盾纠纷，更好地维护社会和谐稳定。各地公安、司法行政、保险监管部门要高度重视，加强组织领导和协调配合，共同研究制定工作方案，落实工作措施，结合本地工作实际，扎实稳妥地推进此项工作。

二、加强工作指导，完善工作制度

调解道路交通事故民事损害赔偿纠纷可以采取建立道路交通事故

人民调解工作室或者专门的道路交通事故人民调解委员会的形式进行，组织建设和队伍建设由司法行政部门负责，人员培训和业务指导工作由司法行政部门会同公安、保险监管部门共同开展。公安、司法行政、保险监管部门要指导道路交通事故人民调解委员会或者人民调解工作室建立完善工作制度，明确工作职责、工作纪律及工作要求，统一工作标准、工作规程，建立工作台账，规范制作案卷文书。调解案件实行一案一档，案卷文书包括调解申请书、调解受理登记表、权利义务告知书、调解笔录、调解协议、送达回执或回访记录等。

三、加强队伍建设，落实工作保障

参与道路交通事故民事损害赔偿纠纷调解工作的人民调解员的聘任和管理由司法行政部门负责，主要从律师、法律工作者或者退休交警、法官、司法行政工作人员中公开招聘。司法行政部门要将道路交通事故损害赔偿人民调解员的培训纳入司法行政队伍培训计划，认真组织培训，严格考核，持证上岗，不断提高人民调解员的业务能力和水平，并定期组织考评工作。公安部门要积极配合司法行政部门做好人员招聘工作，积极为人民调解工作室和调解委员会提供办公场所和办公设备，保障必需的工作条件。司法行政部门要会同公安机关交通管理部门商请财政部门，按照财政部、司法部《关于进一步加强人民调解工作经费保障的意见》（财行〔2007〕179号）文件精神，解决调解委员会的工作经费和调解员工作补助经费。

四、明确适用范围，规范工作程序

人民调解委员会调解道路交通事故民事损害赔偿主要适用于公安机关交通管理部门按照一般程序处理的道路交通事故。各地可以根据调解员业务素质水平、调解工作量等实际情况进行适当调整，但必须遵循当事人自愿原则，以当事人自愿接受人民调解为前提。道路交通事故认定书生效后，当事人可以申请公安机关交通管理部门调解，也可以请求人民调解委员会调解。各方当事人自愿接受人民调解委员会调解的，可以不经过交警调解，由人民调解委员会直接组织调解。人民调解委员会调解民事损害赔偿纠纷，一般应当在一个月内调结。经调解达成协议的，制作书面调解协议，人民调解委员会应当督促当事人履行调解协议。当事人未达成协议或者达成协议不履行的，当事人可以请求公安机关交通管理部门调解，也可以直接向人民法院提起民事诉讼。

五、完善保险理赔制度

各地保险监管部门要指导各保险机构与人民调解委员会建立信息共享工作机制，完善人民调解与保险理赔工作环节的程序衔接，并配合公安、司法行政部门加强对人民调解员的业务培训，使人民调解员掌握相应的保险理赔业务知识和赔付原则。人民调解委员会调解涉及保险赔偿的案件时，应当在 3 日前将调解时间和地点通报相关保险机构，保险机构可以派员以第三人的身份参加调解。在道路交通事故人民调解委员会主持下达成的人民调解协议，可以作为保险理赔的依据，被保险人据此申请赔偿保险金的，保险人应当按照法律规定和合同约定进行赔偿。公安、司法行政、保险监管部门要共同建立完善人民调解工作监督检查机制，确保人民调解工作严格遵循公开、公平、公正的原则，防止保险诈骗案件的发生。

六、加强社会宣传

要充分利用广播、电视、报纸、网络等新闻媒体，向社会广泛宣传人民调解委员会调解道路交通事故民事损害赔偿的工作机制、工作流程等，使广大群众特别是道路交通事故当事人了解、认可道路交通事故民事损害赔偿人民调解工作，使人民调解工作机制在道路交通事故处理工作中的作用得到更加充分、有效的发挥。

各地贯彻实施情况请分别报送公安部、司法部、保监会。

中央社会治安综合治理委员会、最高人民法院、最高人民检察院、国务院法制办公室、公安部、司法部、人力资源和社会保障部、卫生部、国土资源部、住房和城乡建设部、民政部、国家工商行政管理总局、国家信访局、中华全国总工会、中华全国妇女联合会、中国共产主义青年团中央委员会关于深入推进矛盾纠纷大调解工作的指导意见

（2011 年 4 月 22 日　综治委〔2011〕10 号）

为有效预防和化解社会矛盾，维护社会和谐稳定，根据中共中央办公厅、国务院办公厅转发《中央政法委员会、中央维护稳定工作领导小组关于深入推进社会矛盾化解、社会管理创新、公正廉洁执法的意见》（中办发〔2009〕46 号）的要求，认真贯彻落实《中华人民共和国人民调解法》，现就深入推进矛盾纠纷大调解工作，提出如下意见。

1. 坚持调解优先，依法调解，充分发挥人民调解、行政调解、司法调解的作用。把人民调解工作做在行政调解、司法调解、仲裁、诉讼等方法前，立足预警、疏导，对矛盾纠纷做到早发现、早调解。

2. 县（市、区）矛盾纠纷调处工作平台与同级人民法院、人民检察院、司法行政机关、政府法制机构、信访部门及其他行政机关调解矛盾纠纷实现衔接，乡镇（街道）综治工作中心与驻乡镇（街

道）派出机构调解矛盾纠纷实现衔接，村（居）调解组织与群众“一站式”服务窗口或警务室（站）调解矛盾纠纷实现衔接。通过县、乡、村工作平台，建立矛盾纠纷排查调处联动机制，按照提高效率、便民利民的原则，对矛盾纠纷做到统一受理、集中梳理、归口管理、依法处理、限期办理，实现受理、登记、交办、承办、结案各个环节工作衔接，落实调解责任单位和责任人。

3. 经人民调解组织、行政调解组织或者其他具有调解职能的组织调解达成的调解协议，双方当事人认为有必要的，可以依法向人民法院申请司法确认。人民法院应当按照司法确认程序、管辖的相关规定，受理当事人的申请，及时对调解协议进行审查，依法进行确认。调解组织对调解协议的履行情况进行监督，督促当事人履行约定的义务。

4. 建立由各级政府负总责、政府法制机构牵头、各职能部门为主体的行政调解工作体制，并纳入同级大调解工作平台。部门受理的矛盾纠纷，实行首问责任制，对依法属于本部门调解范围的矛盾纠纷，根据法律、法规和政策规定进行调解，同时，将调解情况通报同级大调解工作平台；对依法不属于本部门调解范围的矛盾纠纷，要报同级大调解工作平台登记受理，确定调解责任单位和责任人；对涉及多个部门的矛盾纠纷，由政府法制机构或者大调解工作平台指定的部门牵头调解；对跨地区的矛盾纠纷，由涉及地区的上一级大调解工作平台负责组织调解。对调解不成的矛盾纠纷，要引导当事人运用行政复议、仲裁、诉讼等方式进行解决。对行政争议，行政复议机构要先行调解，推进行政调解与行政复议的衔接。

5. 鼓励行业协会及其他社会组织设立调解委员会，调解协会成员之间以及协会成员与其他主体之间的民事纠纷，充分发挥社会组织参与调解的优势。

6. 人民法院重点推动一般民事案件、轻微刑事案件通过调解等方式实现案结事了。同时，拓展司法调解工作范围，由诉中向诉前、判后、执行延伸，由一审向二审、再审延伸，由民商事案件的调解向行政案件协调、刑事自诉案件、刑事附带民事案件以及执行案件和解延伸，从案件审理过程向立案、执行、信访等环节延伸。建立完善法院与职能部门在调解、仲裁、执行等工作环节中的联动机制。重点强化劝导分流、诉前调解等职能，推动人民调解、行政调解等各类工作机制的发展与完善。建立健全特邀调解员队伍，主动吸纳行政职能部门、人民调解组织及其他具有调解职能的组织和人员、人大代表、政协委员等参与司法调解工作，引导驻法院（庭）人民调解室调解涉诉纠纷。与司法行政机关共同加强驻法院（庭）人民调解室建设。

7. 人民检察院依法履行法律监督职能，建立依托大调解工作平台参与化解社会矛盾纠纷的工作机制。对轻微刑事案件，依照法律规定，探索建立运用和解方式解决问题的机制，明确开展调解或引导刑事和解的条件、范围和程序。同时，对民事申诉等案件，坚持抗诉与息诉并重，规范引导和解的程序和要求，在遵循事实和法律的基础上，对当事人双方有和解意愿、符合和解条件的，积极引导和促使当事人达成和解，配合人民法院及相关部门做好有关工作。

8. 政府法制机构会同有关部门，加强行政调解法律及制度建设，进一步明确行政调解范围，规范行政调解程序。积极推行仲裁调解制度，指导仲裁机构建立完善仲裁调解工作机制和制度，发展仲裁调解队伍，从仲裁人员责任、仲裁程序等环节落实调解工作内容。

9. 公安机关110报警服务台对接报的可以进行调解的纠纷，及时通过大调解组织分流到相关责任单位进行处理。公安派出所参与乡镇（街道）综治工作中心矛盾纠纷调处工作，并可设立驻所人民调解室，邀请人民调解员参与矛盾纠纷联合调解工作。县级公安机关交通管理部门要会同司法行政机关建立道路交通事故人民调解工作机制，并可邀请人民法院在公安机关交通管理部门设立道路交通事故法庭，及时受理、调处交通事故纠纷案件。

10. 司法行政机关与人民法院密切配合，指导、推动人民调解委员会的规范化建设和人民调解工作网络化建设。积极培育建立行业性、专业性人民调解组织，通过在乡镇（街道）综治工作中心设立专门调解小组、在行政主管部门和人民法院设立调解工作室等多种方式，建立矛盾纠纷受理、调解处理、结果反馈等制度。推广建立专业化、社会化调解员队伍，建立名册，做好分类指导，完善调解员队伍培训管理机制，加强社会工作知识培训。制定相关意见或办法，确保人民调解的权威性和公信力，进一步推动人民调解的组织机构、人员配备、程序效力的规范化、法制化建设。

11. 人力资源和社会保障部门会同工会、企业代表组织，通过大调解工作平台，推动乡镇（街道）特别是劳动保障服务所（站）劳动争议调解组织建设，将调解重心向企业相对集中的村（社区）延伸。探索建立健全人力资源和社会保障部门主导的，工会、企业代表组织、人民调解组织及主管部门共同参与的处置突发性、集体性劳动人事争议案件的应急调解机制。推动企业劳动争议调解组织建设，建立有效的劳动争议协商解决机制。推动事业单位及其主管部门建立人事争议调解组织。做好劳动人事争议调解、仲裁与诉讼衔接的工作。

12. 卫生行政部门积极协调、配合司法行政及保险监督等部门，推广建立规范的医疗纠纷人民调解委员会，推动建立健全医疗纠纷人民调解工作保障机制，推进医疗责任保险，规范专业鉴定机构，统一医疗损害、医疗事故的鉴定程序和标准，加强对医疗纠纷的化解和处理。

13. 国土资源部门通过大调解工作平台设立土地纠纷调解工作小组，在人民调解员队伍中培养乡村土地纠纷调解员，因势利导，就近受理及时调解涉及土地权属、征地补偿安置等引发的矛盾纠纷。

14. 工商行政管理部门通过大调解工作平台，加强工商行政执法体系建设，发挥消费者协会作用，推进消费维权网络建设。依托乡镇（街道）综治工作中心建立消费者协会分会，在村（居）设立消费者投诉站，方便广大城乡消费者就近申（投）诉、解决消费纠纷。进一步建立健全消费者咨询和申诉、投诉的受理、查办、反馈等制度，全面推进消费者与企业的纠纷和解制度、消费纠纷的调解制度和申诉举报制度建设，提高消费纠纷的解决效率。

15. 民政部门充分运用调解办法处理民政行政纠纷和与民政行政管理相关的民事纠纷，加快和谐社区建设，加强村（居）民委员会建设、社区管理、养老服务和专职社会工作者队伍建设，建立延伸到社区、村组的调解组织网络。利用大调解工作平台的机制优势，调处养老服务纠纷，依法调处行政区域界限纠纷，与国土资源、林业等部门共同参与边界地区调解土地、山林、草场等纠纷，推动平安边界建设。维护孤儿基本权益，与有关部门一道调解孤儿收养、监护纠纷等。

16. 住房和城乡建设部门通过大调解工作平台，建立日常工作联系网络和联络员制度，加快制定完善本部门行政调解的程序性规定，会同相关部门，实行联席会议制度，重点调解因城市房屋拆迁、建筑施工等引发的矛盾纠纷。

17. 信访部门在办理人民群众来信、接待人民群众来访和协调处理重要信访事项、督促检查信访事项时，进一步健全与大调解工作平台衔接的工作机制，组织协调和大力推动用调解的方式解决信访人的诉求。

18. 工会、妇联和共青团组织发挥自身优势，积极参与大调解工作。工会要督促、帮助企业依法建立劳动争议调解委员会，推动乡镇（街道）工会争议调解组织以及行业性劳动争议调解组织建设。积极开展接受劳动人事争议仲裁委员会或人民法院委托，调解劳动争议或参与诉讼调解工作。妇联组织充分发挥在家庭和社区的工作优势，积极推动调解组织建设，通过在乡镇（街道）综治工作中心建立妇女儿童维权站等，加大参与人民调解的力度，协助对婚姻家庭纠纷及涉及妇女儿童合法权益案件的调处工作。共青团组织积极推动调解组织建设，通过与其他部门密切配合，参与调解处理涉及未成年人合法权益等纠纷。

19. 各级党委、政府加强对矛盾纠纷大调解工作的组织领导。党政一把手是大调解工作的第一责任人，要落实领导责任制，亲自指导协调和包案化解重大矛盾纠纷。加强人力、财力及物质保障，确保大调解工作需要。定期听取大调解工作进展情况的汇报，研究解决影响大调解工作发展的困难和问题。

各级各部门要加强信息综合，及时通报本单位发现、受理的矛盾纠纷及调解工作情况，交流调解经验，加强矛盾纠纷大调解信息化建设，建立信息资料库，适时动态掌握矛盾纠纷的总体状况和个案进展情况，实现矛盾纠纷化解横向、纵向信息共享，以信息化带动规范化，提高大调解工作效率。市（州）、县（市、区）级各有关部门要及时将矛盾纠纷排查调处情况报送同级综治办，省（区、市）综治办定期对各市（州）、各系统、各部门的信息报送情况进行汇总、分析和通报。

20. 各级综治委及其办公室在党委、政府的领导下，具体负责矛盾纠纷大调解工作的组织、协调、检查、督办工作，重点加强对县（市、区）、乡镇（街道）矛盾纠纷大调解工作平台的协调指导。督促各部门各单位认真落实部门和单位责任制，把做好大调解工作作为社会治安综合治理考评的重要内容。组织有关部门和单位，对大调解衔接情况进行专项检查，及时解决工作中出现的问题。对矛盾纠纷调解得力的单位（组织）和个人，按照国家规定予以表彰奖励；对领导不重视，调解不力，发生危害社会治安和社会稳定重大矛盾纠纷的地方和单位，实行责任倒查，视情予以通报批评、警示直至一票否决。

21. 各地各部门可结合本地实际和部门职能，制定具体办法。

中央政法委、最高人民法院、司法部等关于加强人民调解员队伍建设的意见

（2018年4月27日　司发〔2018〕2号）

为认真落实党的十九大精神，深入贯彻党的十八届四中全会关于发展人民调解员队伍的决策部署，全面贯彻实施人民调解法，现就加强人民调解员队伍建设提出如下意见。

一、充分认识加强人民调解员队伍建设的重要意义

人民调解是在继承和发扬我国民间调解优良传统基础上发展起来的一项具有中国特色的法律制度，是公共法律服务体系的重要组成部分，在矛盾纠纷多元化解机制中发挥着基础性作用。人民调解员是人民调解工作的具体承担者，肩负着化解矛盾、宣传法治、维护稳定、促进和谐的职责使命。加强人民调解员队伍建设，对于提高人民调解工作质量，充分发挥人民调解维护社会和谐稳定“第一道防线”作用，推进平安中国、法治中国建设，实现国家治理体系与治理能力现代化具有重要意义。党中央、国务院历来高度重视人民调解工作。党的十八大以来，习近平总书记多次对人民调解工作作出重要指示批示，为做好人民调解工作和加强人民调解员队伍建设指明了方向。广大人民调解员牢记使命、扎根基层、无私奉献，积极开展矛盾纠纷排查调解工作，切实把矛盾纠纷化解在基层，消除在萌芽状态，为维护社会和谐稳定、服务保障和改善民生作出了积极贡献。当前，中国特色社会主义进入新时代。社会主要矛盾已经转化为人民日益增长的美好生活需要和不平衡不充分的发展之间

的矛盾。人民不仅对物质文化生活提出了更高要求，而且在民主、法治、公平、正义、安全、环境等方面的要求日益增长。党的十九大强调，要加强预防和化解社会矛盾机制建设，正确处理人民内部矛盾。这些都对人民调解、行业专业调解和调解员队伍建设提出了新的更高要求。各地各有关部门一定要充分认识加强人民调解员队伍建设的重要性、紧迫性，切实增强责任感和使命感，采取有效措施，大力推进人民调解员队伍建设，不断提高人民调解工作水平，全力维护社会和谐稳定。

二、加强人民调解员队伍建设的指导思想和基本原则

（一）指导思想

深入贯彻落实党的十九大精神，坚持以习近平新时代中国特色社会主义思想为指导，按照“五位一体”总体布局和“四个全面”战略布局，全面贯彻实施人民调解法，优化队伍结构，着力提高素质，完善管理制度，强化工作保障，努力建设一支政治合格、熟悉业务、热心公益、公道正派、秉持中立的人民调解员队伍，为平安中国、法治中国建设作出积极贡献。

（二）基本原则

——坚持党的领导。认真贯彻落实中央关于人民调解工作的决策部署，确保人民调解员队伍建设的正确方向。

——坚持依法推动。贯彻落实人民调解法、民事诉讼法等法律规定，不断提高人民调解员队伍建设的规范化、法治化水平。

——坚持择优选聘。按照法定条件和公开公平公正的原则，吸收更多符合条件的社会人士和专业人员参与人民调解工作。

——坚持专兼结合。在积极发展兼职人民调解员队伍的同时，大力加强专职人民调解员队伍建设，不断优化人民调解员队伍结构。

——坚持分类指导。根据各地实际情况和专兼职人民调解员队伍的不同特点，完善管理制度，创新管理方式，不断提高人民调解工作质量。

三、加强人民调解员队伍建设的主要任务

（一）认真做好人民调解员选任工作

1. 严格人民调解员选任条件。人民调解员由人民调解委员会委员和人民调解委员会聘任的人员担任，既可以兼职，也可以专职。人民调解员应由公道正派、廉洁自律、热心人民调解工作，并具有一定文化水平、政策水平和法律知识的成年公民担任。乡镇（街道）人民调解委员会的调解员一般应具有高中以上学历，行业性、专业性人民调解委员会的调解员一般应具有大专以上学历，并具有相关行业、专业知识或工作经验。

2. 依法推选人民调解委员会委员。人民调解委员会委员通过推选产生。村民委员会、社区居民委员会的人民调解委员会委员由村民会议或者村民代表会议、居民会议或者居民代表会议推选产生。企业事业单位设立的人民调解委员会委员由职工大会、职工代表大会或者工会组织推选产生。乡镇（街道）人民调解委员会委员由行政区域内村（居）民委员会、有关单位、社会团体、其他组织推选产生。行业性、专业性人民调解委员会委员由有关单位、社会团体或者其他组织推选产生。人民调解委员会委员任期届满，应及时改选，可连选连任。任期届满的原人民调解委员会主任应向推选单位报告工作，听取意见。新当选的人民调解委员会委员应及时向社会公布。

3. 切实做好人民调解员聘任工作。人民调解委员会根据需要可以聘任一定数量的专兼职人民调解员，并颁发聘书。要注重从德高望重的人士中选聘基层人民调解员。要注重选聘律师、公证员、仲裁员、基层法律服务工作者、医生、教师、专家学者等社会专业人士和退休法官、检察官、民警、司法行政干警以及相关行业主管部门退休人员担任人民调解员，不断提高人民调解员的专业化水平。要积极发展专职人民调解员队伍，行业性、专业性人民调解委员会应有3名以上专职人民调解员，乡镇（街道）人民调解委员会应有2名以上专职人民调解员，有条件的村（居）和企事业单位人民调解

委员会应有1名以上专职人民调解员，派驻有关单位和部门的人民调解工作室应有2名以上专职人民调解员。

（二）明确人民调解员职责任务

4. 人民调解员的职责任务。积极参与矛盾纠纷排查，对排查发现的矛盾纠纷线索，采取有针对性的措施，预防和减少矛盾纠纷的发生；认真开展矛盾纠纷调解，在充分听取当事人陈述和调查了解有关情况的基础上，通过说服、教育、规劝、疏导等方式方法，促进当事人平等协商、自愿达成调解协议，督促当事人及时履行协议约定的义务，人民调解员对当事人主动申请调解的，无正当理由不得推诿不受理；做好法治宣传教育工作，注重通过调解工作宣传法律、法规、规章和政策，教育公民遵纪守法，弘扬社会公德、职业道德和家庭美德；发现违法犯罪以及影响社会稳定和治安秩序的苗头隐患，及时报告辖区公安机关；主动向所在的人民调解委员会报告矛盾纠纷排查调解情况，认真做好纠纷登记、调解统计、案例选报和文书档案管理等工作；自觉接受司法行政部门指导和基层人民法院业务指导，严格遵守人民调解委员会制度规定，积极参加各项政治学习和业务培训；认真完成司法行政部门和人民调解委员会交办的其他工作任务。

（三）加强人民调解员思想作风建设

5. 加强思想政治建设。组织广大人民调解员认真学习宣传贯彻党的十九大精神，坚持以习近平新时代中国特色社会主义思想武装头脑、指导工作。教育引导人民调解员牢固树立政治意识、大局意识、核心意识、看齐意识，自觉在思想上政治上行动上同以习近平同志为核心的党中央保持高度一致。加强人民调解员职业道德教育，深入开展社会主义核心价值观和社会主义法治理念教育，弘扬调解文化，增强人民调解员的社会责任感和职业荣誉感。

6. 加强纪律作风建设。完善人民调解员行为规范，教育人民调解员严格遵守和执行职业道德和工作纪律，树立廉洁自律良好形象，培养优良作风。建立投诉处理机制，及时查处人民调解员违法违纪行为，不断提高群众满意度。

7. 加强党建工作。党员人民调解员应积极参加所属党支部的组织生活，加强党性修养，严守党员标准，自觉接受党内外群众的监督，发挥党员在人民调解工作中的先锋模范作用。支持具备条件的人民调解委员会单独建立党组织，落实基层党建基本制度，严格党内政治生活，突出政治功能，发挥战斗堡垒作用。

（四）加强人民调解员业务培训

8. 落实培训责任。开展人民调解员培训是司法行政部门的重要职责。要坚持分级负责、以县（市、区）为主，加大对人民调解员的培训力度。县（市、区）司法行政部门主要负责辖区内人民调解委员会主任、骨干调解员的岗前培训和年度培训，指导和组织司法所培训辖区内人民调解员；市（地、州）司法行政部门主要负责辖区内大中型企业、乡镇（街道）和行业性、专业性人民调解委员会主任、骨干调解员的岗前培训和年度培训；省（区、市）司法行政部门负责制定本地区人民调解员培训规划，组织人民调解员骨干示范培训，建立培训师资库；司法部负责组织编写培训教材，规范培训内容，开展人民调解员师资培训。司法行政部门要积极吸纳律师、公证员、司法鉴定人、专职人民调解员等作为培训师资力量，提高培训质量和水平。基层人民法院要结合审判工作实际和人民调解员队伍状况，积极吸纳人民调解委员会进入人民法院特邀调解组织名册，通过委派调解、委托调解，选任符合条件的人民调解员担任人民陪审员，加强司法确认工作等灵活多样的形式，加大对人民调解员进行业务培训的力度。

9. 丰富培训内容和形式。司法行政部门和人民调解员协会要根据本地和行业、专业领域矛盾纠纷特点设置培训课程，重点开展社会形势、法律政策、职业道德、专业知识和调解技能等方面的培训。创新培训方式和载体，采取集中授课、研讨交流、案例评析、实地考察、现场观摩、旁听庭审、实训演练等形式，提高培训的针对性、有效性。顺应“互联网+”发展趋势，建立完善人民调解员网络培训平台，推动信息技术与人民调解员培训深度融合。依托有条件的高校、培训机构开展培训工作，开发人民调解员培训课程和教材，建立完善人民调解员培训质量评估体系。

（五）加强对人民调解员的管理

10. 健全管理制度。人民调解委员会应当建立健全人民调解员聘用、学习、培训、考评、奖惩等各项管理制度，加强对人民调解员的日常管理。建立人民调解员名册制度，县（市、区）司法行政部门定期汇总人民调解员基本信息，及时向社会公开并通报人民法院，方便当事人选择和监督。建立岗位责任和绩效评价制度，完善评价指标体系。

11. 完善退出机制。人民调解员调解民间纠纷，应当坚持原则、明法析理、主持公道。对偏袒一方当事人，侮辱当事人，索取、收受财物或者牟取其他不正当利益，或泄露当事人的个人隐私、商业秘密的人民调解员，由其所在的人民调解委员会给予批评教育、责令改正；情节严重的，由推选或者聘任单位予以罢免或者解聘。对因违法违纪不适合继续从事调解工作；严重违反管理制度、怠于履行职责造成恶劣社会影响；不能胜任调解工作；因身体原因无法正常履职；自愿申请辞职的人民调解员，司法行政部门应及时督促推选或者聘任单位予以罢免或者解聘。

（六）积极动员社会力量参与人民调解工作

12. 发动社会力量广泛参与。切实发挥村（居）民小组长、楼栋长、网格员的积极作用，推动在村（居）民小组、楼栋（院落）等建立纠纷信息员队伍，帮助了解社情民意，排查发现矛盾纠纷线索隐患。发展调解志愿者队伍，积极邀请“两代表一委员”（党代表、人大代表、政协委员）、“五老人员”（老党员、老干部、老教师、老知识分子、老政法干警）、专家学者、专业技术人员、城乡社区工作者、大学生村官等参与矛盾纠纷化解。充分发挥律师、公证员、司法鉴定人、基层法律服务工作者、法律援助工作者等司法行政系统资源优势，形成化解矛盾纠纷工作合力。

13. 建立人民调解咨询专家库。县级以上司法行政部门可以根据调解纠纷需要，会同相关行业主管部门设立人民调解咨询专家库，由法学、心理学、社会工作和相关行业、专业领域的专业人员组成，相关专家负责向人民调解委员会提供专家咨询意见和调解建议。人民调解咨询专家库可以是包含多领域专业人才的区域性综合型专家库，也可以是某一特定行业、专业领域的专家库。

（七）强化对人民调解员的工作保障

14. 落实人民调解员待遇。地方财政根据当地经济社会发展水平和财力状况，适当安排人民调解员补贴经费。人民调解员补贴经费的安排和发放应考虑调解员调解纠纷的数量、质量、难易程度、社会影响大小以及调解的规范化程度。补贴标准由县级以上司法行政部门商同级财政部门确定，明令禁止兼职取酬的人员，不得领取人民调解员补贴。对财政困难地区，省级要统筹现有资金渠道，加强人民调解工作经费保障。人民调解委员会设立单位和相关行业主管部门应依法为人民调解员开展工作提供场所、设施等办公条件和必要的工作经费。省（区、市）司法行政部门或人民调解员协会应通过报纸、网络等形式，每半年或一年向社会公开人民调解经费使用情况和工作开展情况，接受社会监督。

15. 通过政府购买服务推进人民调解工作。司法行政部门应当会同有关部门做好政府购买人民调解服务工作，完善购买方式和程序，积极培育人民调解员协会、相关行业协会等社会组织，鼓励其聘请专职人民调解员，积极参与承接政府购买人民调解服务。

16. 落实人民调解员抚恤政策。司法行政部门应及时了解掌握人民调解员需要救助的情况，协调落实相关政策待遇。符合条件的人民调解员因从事调解工作致伤致残，生活发生困难的，当地人民政府应当按照有关规定提供必要的医疗、生活救助；在人民调解工作岗位上因工作原因死亡的，其配偶、子女按照国家规定享受相应的抚恤等相关待遇。探索多种资金渠道为在调解工作中因工作原因死亡、伤残的人民调解员或其亲属提供帮扶。

17. 加强对人民调解员的人身保护。人民调解员依法调解民间纠纷，受到非法干涉、打击报复或者本人及其亲属人身财产安全受到威胁的，当地司法行政部门和人民调解员协会应当会同有关部门采取措施予以保护，维护其合法权益。探索建立人民调解员人身保障机制，鼓励人民调解委员会设立单位和人民调解员协会等为人民调解员购买人身意外伤害保险等。

四、加强对人民调解员队伍建设的组织领导

（一）加强组织领导

司法行政机关负责指导人民调解工作，要把人民调解员队伍建设摆上重要位置，列入重要议事日程，切实加强指导。要主动向党委和政府汇报人民调解工作，积极争取有关部门重视和支持，着力解决人民调解员开展工作遇到的困难和问题。要完善相关制度，提高人民调解员队伍管理水平。人民调解员协会要发挥行业指导作用，积极做好对人民调解员的教育培训、典型宣传、权益维护等工作，加强对人民调解员队伍的服务和管理。

（二）落实部门职责

各有关部门要明确自身职责，加强协调配合，共同做好人民调解工作。各级政法委要将人民调解员队伍建设纳入综治工作（平安建设）考核评价体系。人民法院要通过各种形式，加强对人民调解员调解纠纷的业务指导，提高人民调解工作水平。财政部门要落实财政保障责任，会同司法行政部门确定经费保障标准，建立动态调整机制。民政部门要对符合条件的人民调解员落实相关社会救助和抚恤政策，会同人力资源社会保障部门把符合条件的人民调解员纳入社会工作专业人才培养和职业水平评价体系。各相关行业主管部门要从各方面对人民调解员开展工作提供支持和保障。

（三）加强表彰宣传

认真贯彻落实人民调解法，加大对人民调解员的表彰力度，对有突出贡献的人民调解员按照国家有关规定给予表彰奖励。要充分运用传统媒体和网络、微信、微博等新媒体，积极宣传人民调解工作典型人物和先进事迹，扩大人民调解工作社会影响力，增强广大人民调解员的职业荣誉感和自豪感，为人民调解员开展工作创造良好社会氛围。

各地要结合实际，按照本意见精神制定具体实施意见。

中华人民共和国民事诉讼法（节录）

（1991 年 4 月 9 日第七届全国人民代表大会第四次会议通过　根据 2007 年 10 月 28 日第十届全国人民代表大会常务委员会第三十次会议《关于修改〈中华人民共和国民事诉讼法〉的决定》第一次修正　根据 2012 年 8 月 31 日第十一届全国人民代表大会常务委员会第二十八次会议《关于修改〈中华人民共和国民事诉讼法〉的决定》第二次修正　根据 2017 年 6 月 27 日第十二届全国人民代表大会常务委员会第二十八次会议《关于修改〈中华人民共和国民事诉讼法〉和〈中华人民共和国行政诉讼法〉的决定》第三次修正　根据 2021 年 12 月 24 日第十三届全国人民代表大会常务委员会第三十二次会议《关于修改〈中华人民共和国民事诉讼法〉的决定》第四次修正　根据 2023 年 9 月 1 日第十四届全国人民代表大会常务委员会第五次会议《关于修改〈中华人民共和国民事诉讼法〉的决定》第五次修正）

……

第八章　调　　解

第九十六条　人民法院审理民事案件，根据当事人自愿的原则，在事实清楚的基础上，分清是非，进行调解。

第九十七条 人民法院进行调解，可以由审判员一人主持，也可以由合议庭主持，并尽可能就地进行。

人民法院进行调解，可以用简便方式通知当事人、证人到庭。

第九十八条 人民法院进行调解，可以邀请有关单位和个人协助。被邀请的单位和个人，应当协助人民法院进行调解。

第九十九条 调解达成协议，必须双方自愿，不得强迫。调解协议的内容不得违反法律规定。

第一百条 调解达成协议，人民法院应当制作调解书。调解书应当写明诉讼请求、案件的事实和调解结果。

调解书由审判人员、书记员署名，加盖人民法院印章，送达双方当事人。

调解书经双方当事人签收后，即具有法律效力。

第一百零一条 下列案件调解达成协议，人民法院可以不制作调解书：

（一）调解和好的离婚案件；

（二）调解维持收养关系的案件；

（三）能够即时履行的案件；

（四）其他不需要制作调解书的案件。

对不需要制作调解书的协议，应当记入笔录，由双方当事人、审判人员、书记员签名或者盖章后，即具有法律效力。

第一百零二条 调解未达成协议或者调解书送达前一方反悔的，人民法院应当及时判决。

……

中华全国工商业联合会、司法部关于印发《全国工商联、司法部关于推进商会人民调解工作的意见》的通知

（2018 年 3 月 27 日）

各省、自治区、直辖市和新疆生产建设兵团工商联、司法厅（局）：

现将《全国工商联、司法部关于推进商会人民调解工作的意见》印发你们，请认真抓好贯彻落实。各地可结合实际，按照本意见精神制定具体实施意见，有关贯彻落实情况和推进过程中遇到的困难问题请及时报全国工商联和司法部。

全国工商联、司法部关于推进商会人民调解工作的意见

为认真贯彻落实党的十九大精神，充分发挥工商联所属商会（以下简称商会）组织优势和人民调解基础性作用，预防化解非公有制经济领域矛盾纠纷，维护社会和谐稳定，依据《中华人民共和国人民调解法》等法律法规和政策规定，现就推进商会人民调解工作提出如下意见。

一、充分认识推进商会人民调解工作的重要意义

党的十九大报告提出，要打造共建共治共享的社会治理格局，强调加强预防和化解社会矛盾机制建设，正确处理人民内部矛盾。非公有制经济是社会主义市场经济的重要组成部分，是我国经济社会发展的重要基础。当前，非公有制企业在生产经营管理、劳资关

系、知识产权保护等方面矛盾纠纷多发，化解纠纷能力弱，影响了企业健康发展。商会是以非公有制企业和非公有制经济人士为主体，自愿组建、自筹经费、自主管理的社会组织，具有统战性、经济性、民间性有机统一的基本特征，是工商联的基层组织和工作依托，是化解非公有制经济领域矛盾纠纷的重要阵地。人民调解是中国特色非诉讼纠纷解决方式，具有形式灵活、方便快捷、不伤和气等优势特点。商会人民调解是人民调解工作在非公有制经济领域的延伸拓展，是工商联加强法律服务、促进非公有制经济健康发展和非公有制经济人士健康成长的实际举措。加强商会人民调解工作，是工商联和司法行政机关加强预防和化解社会矛盾机制建设的重要实践，对于推进中国特色商会建设，拓展人民调解工作领域，提升商会服务能力，促进商会调解规范化、法治化发展，为非公有制企业营造良好发展环境具有重要意义。各级工商联和司法行政机关要充分认识推进商会人民调解工作的重要性和必要性，切实增强责任感和使命感，及时有效化解各类非公有制经济领域矛盾纠纷，努力为经济社会持续健康发展作出新的更大贡献。

二、总体要求

1. 指导思想。深入学习贯彻党的十九大精神，以习近平新时代中国特色社会主义思想为指导，全面贯彻落实人民调解法，加强商会人民调解组织和队伍建设，健全完善商会人民调解工作制度和工作机制，不断提高服务企业的能力和水平，为非公有制经济持续健康发展提供有力保障。

2. 工作目标。通过大力推进商会人民调解工作，建立健全商会人民调解组织，发展商会人民调解员队伍，形成具有商会特色的人民调解工作机制，打造有影响的商会人民调解服务品牌，使商会人民调解成为化解非公有制经济领域矛盾纠纷、维护社会和谐稳定的重要途径。

3. 调解范围。调解涉及商会会员的各类民间纠纷，包括商会会员间的纠纷，会员企业与职工间的纠纷，会员与生产经营关联方间的纠纷，会员与其他单位或人员间的纠纷，以及其他适合人民调解的民间纠纷。

4. 基本原则。商会人民调解委员会调解纠纷，应当遵循下列原则：

——在当事人自愿、平等的基础上进行调解。

——尊重当事人的权利，不得因调解而阻止当事人依法通过仲裁、行政、司法等途径维护自己的权利。

——注重主动预防，积极化解纠纷，消除风险隐患，有效维护企业和员工合法权益。

——不违背法律、法规和国家政策，兼顾行业标准和商事惯例。

——注重改革创新，形成具有商会特色的调解工作制度机制。

三、积极推进商会人民调解工作

5. 加强调解组织建设。在司法行政机关指导下，由商会组织依法设立商会人民调解委员会。商会人民调解委员会由委员三至九人组成，设主任一人，一般由商会负责人担任。委员经商会推选产生，要积极吸纳企业家、律师等担任商会人民调解委员会委员。设立商会人民调解委员会应当遵守人民调解法的各项规定，坚持以基层为主，从实际出发，分类有序推进，成熟一个发展一个，不搞一刀切。各级工商联和司法行政机关要加强沟通协调，对矛盾纠纷多发、确有必要设立、商会组织有保障能力的，及时推动设立商会人民调解组织。工商联协助商会人民调解委员会做好向当地司法行政机关备案等工作。尚不具备条件的，司法行政机关可根据需要指导现有人民调解委员会设立专门的人民调解商会服务窗口或吸收商会人员担任人民调解员，也可在商会设立人民调解（律师调解）工作室或联络站，及时受理并开展调解工作。

商会人民调解委员会的名称包括“商会组织名称”和“人民调解委员会”，应有必要的办公场地和设施，悬挂规范的人民调解委员会标牌和人民调解标识，公开人民调解工作制度及人民调解委员会组成人员，做到“五落实”（即组织、人员、经费、场所、制度落实）和“六统一”（即名称、印章、标识、徽章、程序、文书统一）。

商会人民调解委员会应建立工作台账，将矛盾纠纷排查调解情况、组织队伍建设情况以及商会人民调解典型案例及时报送当地司法行政机关和工商联。

6. 加强调解员队伍建设。商会人民调解员由商会人民调解委员会委员和商会人民调解委员会聘任的人员担任。商会人民调解委员会可以根据需要聘请专兼职人民调解员，注重从熟悉企业经营管理和商会运行、有行业影响和威望、具有法律政策素养、公道正派、热心人民调解工作的企业经营者、商会法律顾问、工会代表、相关领域专家及社会人士中聘任。商会人民调解委员会要充分发挥律师的专业优势，积极吸纳律师担任人民调解员。司法行政机关、律师协会要建立律师调解员名册，向商会人民调解委员会推荐，也可以由商会人民调解委员会根据需要自行选择。要积极探索商会人民调解员专业化发展路径，将商会人民调解员纳入社会工作专业人才培养、职业水平评价体系。

司法行政机关要会同工商联将商会人民调解员纳入业务培训规划，组织岗前培训和定期轮训，通过现场观摩、案例研讨等形式，不断提高商会人民调解员综合素质。省级以上司法行政机关、工商联要注重示范培训工作。

商会人民调解委员会要建立健全人民调解员聘用、学习、培训、考评、奖惩等管理制度，加强对商会人民调解员的管理。对商会人民调解员的违法违纪行为，要按照人民调解法等有关规定处理。

7. 加强制度化、规范化建设。商会人民调解委员会应加强规范管理，建立健全各项规章制度。经调解达成协议的，商会人民调解委员会可以依法制作人民调解协议书；双方当事人认为无需制作调解协议书的，可以采取口头协议方式，人民调解员应当记录协议内容，由双方签字确认；调解不成的，告知当事人可以依法通过仲裁、行政、司法等途径维护自己的权益。依法达成的人民调解协议具有法律约束力，当事人应当按照约定履行。双方当事人认为有必要的，可以自调解协议生效之日起30日内共同向人民法院申请司法确认。人民法院依法确认调解协议有效，一方当事人拒绝履行或者未全部履行的，对方当事人可以向人民法院申请强制执行；人民法院依法确认调解协议无效的，当事人可以通过人民调解方式变更原调解协议或者达成新的调解协议，也可以向人民法院提起诉讼。

8. 提高工作质量水平。商会人民调解委员会要定期或不定期在会员企业进行矛盾纠纷排查，发现风险隐患及时化解。要灵活运用情、理、法相结合的方式，促成当事人达成调解协议，实现案结事了。要坚持依法调解，注重运用商事调解规则、惯例，不断增强商会人民调解的权威性和公信力。要通过开展商会人民调解工作加强法治宣传教育，引导企业依法合规经营。要加强专家库建设，根据需要邀请专家参与行业专业领域重大纠纷调解。要创新商会人民调解工作方式方法，加强商会人民调解工作信息化建设，广泛运用互联网、手机等现代信息化手段开展调解，提高工作实效。

9. 加强工作保障。商会组织要为商会人民调解委员会开展工作提供办公场所、办公设施和必要的工作经费。各级工商联和司法行政机关要按照《财政部、司法部关于进一步加强人民调解工作经费保障的意见》要求，积极争取落实商会人民调解委员会补助经费和人民调解员补贴经费。按照《财政部、民政部、工商总局关于印发政府购买服务管理办法（暂行）的通知》要求，积极争取把商会人民调解作为社会管理性服务内容纳入政府购买服务指导性目录，提高经费保障水平。鼓励社会各界为商会人民调解工作捐赠赞助，提供场地、人员等人财物支持。有条件的商会，对律师担任商会人民调解员的，可给予适当的案件补贴。对涉及商会会员企业之间以及会员企业与生产经营关联企业、其他单位之间的民商事纠纷，也可依据《最高人民法院 司法部关于开展律师调解试点工作的意见》有关规定，按照有偿和低价的原则收取调解费。

四、加强商会人民调解工作组织领导

10. 注重协调配合。各级工商联和司法行政机关要密切配合，建立统筹协调工作机制，加强信息共享，开展联合督导，认真总结商会人民调解工作的经验做法，定期研究解决遇到的新情况、新问题。发挥人民调解员协会对商会人民调解工作的积极作用。积极争取当地综治部门、司法机关、民政、仲裁机构及相关单位对商会人民调解工作的支持配合，加强工作衔接。

11. 明确任务职责。各级工商联要切实履行商会业务主管部门职责，加强对商会的指导、引导和服务，主动与司法行政机关沟通联系，及时了解和反映商会人民调解组织运行情况，在商会人民调解组织的设立、调解员的选聘和培训、专家库的建立等方面给予支持和配合。各级司法行政机关要认真履行对商会人民调解工作的指导职责，加强设立指导、人员培训、制度建设和业务规范，依托公共法律服务中心等平台资源，发挥律师、基层法律服务、公证、司法鉴定、法律援助、法治宣传等职能优势，形成化解矛盾纠纷的工作合力。

12. 加强宣传表彰。要运用广播电视、报刊杂志以及网络等新媒体，大力宣传商会人民调解优势特点、经验成效和典型案例，宣传表彰商会人民调解工作中涌现出的先进典型，不断扩大商会人民调解工作群众认知度和社会影响力，为商会人民调解工作开展营造良好氛围。

附　录[①]

________人民调解委员会
调 解 卷 宗

卷　　名：________________________________
卷　　号：________________________________
人民调解员：______________调解日期：______________
立 卷 人：______________立卷日期：______________
保管期限：________________________________
备　　注：________________________________

使用说明：

“调解卷宗”是人民调解委员会调解纠纷所涉所有文书立卷归档的总称。作为卷宗的封面。其中“卷名”栏目填写纠纷当事人姓名+纠纷类型，如“××与××之间合同纠纷”。纠纷类型同“人民调解员调解案件登记单”中的“纠纷类型”栏。“卷号”按有关规定或者各人民调解委员会自定的办法填写。保管期限分为短期、长期和永久三种，短期卷保管期限为5年，长期卷保管期限为10年。人民调解委员会应根据纠纷类型、协议内容和当事人实际情况等综合确定卷宗保管期限。

人民调解委员会调解纠纷，一般应当制作调解卷宗，一案一卷。对于纠纷调解过程简单或者达成口头调解协议的，也可多案一卷，定期集中组卷归档。

---

① 文书来源于《司法部关于印发人民调解文书格式和统计报表的通知》（2010年12月31日 司发通〔2010〕239号）。

卷内目录

序号	文书名称	页号	备注
1	人民调解申请书或人民调解受理登记表		
2	人民调解调查记录		
3	人民调解证据材料		
4	人民调解记录		
5	人民调解协议书或人民调解口头协议登记表		
6	人民调解回访记录		
7	司法确认有关材料		
8	卷宗情况说明		
9	封底		

使用说明：

卷内目录是人民调解委员会对一起纠纷立卷归档时卷内所涉及全部文件的目录，供查阅卷宗时检索使用。

人民调解申请书

申请人姓名＿＿＿＿＿＿＿＿性别＿＿＿民族＿＿＿年龄＿＿＿

职业或职务＿＿＿＿＿＿＿＿联系方式＿＿＿＿＿＿＿＿＿＿＿＿

单位或住址＿＿＿＿＿＿＿＿＿＿＿＿＿＿＿＿＿＿＿＿＿＿＿＿

被申请人姓名＿＿＿＿＿＿＿性别＿＿＿民族＿＿＿年龄＿＿＿

职业或职务＿＿＿＿＿＿＿＿联系方式＿＿＿＿＿＿＿＿＿＿＿＿

单位或住址＿＿＿＿＿＿＿＿＿＿＿＿＿＿＿＿＿＿＿＿＿＿＿＿

纠纷简要情况：＿＿＿＿＿＿＿＿＿＿＿＿＿＿＿＿＿＿＿＿＿

＿＿＿＿＿＿＿＿＿＿＿＿＿＿＿＿＿＿＿＿＿＿＿＿＿＿＿＿＿

＿＿＿＿＿＿＿＿＿＿＿＿＿＿＿＿＿＿＿＿＿＿＿＿＿＿＿＿＿

＿＿＿＿＿＿＿＿＿＿＿＿＿＿＿＿＿＿＿＿＿＿＿＿＿＿＿＿＿

＿＿＿＿＿＿＿＿＿＿＿＿＿＿＿＿＿＿＿＿＿＿＿＿＿＿＿＿＿

＿＿＿＿＿＿＿＿＿＿＿＿＿＿＿＿＿＿＿＿＿＿＿＿＿＿＿＿＿

＿＿＿＿＿＿＿＿＿＿＿＿＿＿＿＿＿＿＿＿＿＿＿＿＿＿＿＿＿

＿＿＿＿＿＿＿＿＿＿＿＿＿＿＿＿＿＿＿＿＿＿＿＿＿＿＿＿＿

当事人申请事项：1. ＿＿＿＿＿＿＿＿＿＿＿＿＿＿＿＿＿＿＿

2. ＿＿＿＿＿＿＿＿＿＿＿＿＿＿＿＿＿＿＿

3. ＿＿＿＿＿＿＿＿＿＿＿＿＿＿＿＿＿＿＿

人民调解委员会已将申请人民调解的相关规定告知我，现自愿申请人民调解委员会进行调解。

申请人（签名盖章或指印）＿＿＿

＿＿＿年＿＿月＿＿日

使用说明：

“人民调解申请书”是当事人向人民调解委员会提交的要求调解其纠纷的书面申请。申请人或被申请人为自然人的，应当填写当事人的姓名、性别、民族、年龄、职业、单位或住址、联系方式等；申请人或被申请人为法人或社会组织的，应当填写法定代表人的姓名、性别、民族、年龄、职务、联系方式，“单位或住址”栏填写法人或社会组织的地址。调解申请书应载明当事人申请事项。调解申请书既可以由申请人本人填写，也可由他人代写，由申请人签名后提交人民调解委员会。

人民调解受理登记表

______年____月____日，人民调解委员会依当事人申请（人民调解委员会主动调解），经当事人同意，调解__________________、__________________之间的纠纷。

纠纷类型：____

案件来源：(1) 当事人申请；(2) 人民调解委员会主动调解

纠纷简要情况：____

____

____

____

____

当事人（签名）____________

登记人（签名）____________

____________人民调解委员会

______年____月____日

备注：此表由人民调解委员会填写。

使用说明：

"人民调解受理登记表"是人民调解委员会受理民间纠纷，或者主动调解纠纷的简要记载。人民调解受理登记表应登记当事人姓名、依申请受理或人民调解委员会主动调解的时间、纠纷类型和纠纷简要情况等。"案件来源"栏直接选择打"√"，人民调解受理登记表由各方当事人和登记人签名。

人民调解调查记录

时　间＿＿＿＿＿＿＿＿＿＿＿＿＿＿＿＿＿＿＿＿＿＿＿＿

地　点＿＿＿＿＿＿＿＿＿＿＿＿＿＿＿＿＿＿＿＿＿＿＿＿

参加人＿＿＿＿＿＿＿＿＿＿＿＿＿＿＿＿＿＿＿＿＿＿＿＿

被调查人＿＿＿＿＿＿＿＿＿＿＿＿＿＿＿＿＿＿＿＿＿＿＿

记　录：＿＿＿＿＿＿＿＿＿＿＿＿＿＿＿＿＿＿＿＿＿＿＿

＿＿＿＿＿＿＿＿＿＿＿＿＿＿＿＿＿＿＿＿＿＿＿＿＿＿＿

＿＿＿＿＿＿＿＿＿＿＿＿＿＿＿＿＿＿＿＿＿＿＿＿＿＿＿

＿＿＿＿＿＿＿＿＿＿＿＿＿＿＿＿＿＿＿＿＿＿＿＿＿＿＿

＿＿＿＿＿＿＿＿＿＿＿＿＿＿＿＿＿＿＿＿＿＿＿＿＿＿＿

调 查 人（签名）＿＿＿＿＿＿

被调查人（签名）＿＿＿＿＿＿

记 录 人（签名）＿＿＿＿＿＿

使用说明：

"人民调解调查记录"是人民调解委员会向有关人员访问了解纠纷情况时所做的文字记录。"参加人"栏系指调查时在场的其他人员，不包括调查人、被调查人和记录人。"被调查人"栏应填写被调查人姓名、性别、年龄、单位或住址。调查记录经被调查人校阅或向被调查人宣读后，由被调查人、调查人和记录人签名。

人民调解记录

时　间＿＿＿＿＿＿＿＿＿＿＿＿＿＿＿＿＿＿＿＿＿＿＿＿＿＿＿＿＿＿

地　点＿＿＿＿＿＿＿＿＿＿＿＿＿＿＿＿＿＿＿＿＿＿＿＿＿＿＿＿＿＿

当事人＿＿＿＿＿＿＿＿＿＿＿＿＿＿＿＿＿＿＿＿＿＿＿＿＿＿＿＿＿＿

参加人＿＿＿＿＿＿＿＿＿＿＿＿＿＿＿＿＿＿＿＿＿＿＿＿＿＿＿＿＿＿

人民调解委员会已将人民调解的相关规定告知各方当事人。

调解记录：＿＿＿＿＿＿＿＿＿＿＿＿＿＿＿＿＿＿＿＿＿＿＿＿＿＿＿＿

＿＿＿＿＿＿＿＿＿＿＿＿＿＿＿＿＿＿＿＿＿＿＿＿＿＿＿＿＿＿＿＿＿＿＿＿

调解结果：

1. 调解成功；2. 调解不成；3. 有待继续调解。

当事人（签名盖章或按指印）＿＿＿＿＿＿

当事人（签名盖章或按指印）＿＿＿＿＿＿

人民调解员（签名）＿＿＿＿＿＿

记录人（签名）＿＿＿＿＿＿

＿＿＿年＿＿月＿＿日

使用说明：

“人民调解记录”是人民调解委员会对当事人进行说服教育、疏导规劝，促使当事人达成协议的过程的文字记录。其中“当事人”栏应列明到场的全部当事人。“参加人”栏指接受人民调解委员会邀请参与调解的人员。开展调解前人民调解委员会应当履行相关告知义务。调解记录应客观、真实、整洁、简练。“调解结果”栏可直接选择对应项打“√”。记录经当事人校阅或向当事人宣读后，由当事人、调解员、记录人签名。

人民调解协议书

编号________________

当事人姓名____________性别_____民族_____年龄_______

职业或职务_______________联系方式_____________________

单位或住址____

当事人姓名____________性别_____民族_____年龄_______

职业或职务_______________联系方式_____________________

单位或住址____

纠纷主要事实、争议事项：______________________________

____

____

____

____

经调解，自愿达成如下协议：____________________________

____

____

____

履行方式、时限_______________

本协议一式____份，当事人、人民调解委员会各持一份。

当事人（签名盖章或按指印）________人民调解员（签名）_______

当事人（签名盖章或按指印）________记录人（签名）__________

（人民调解委员会印章）

______年____月____日

使用说明：

“人民调解协议书”是人民调解委员会调解民间纠纷，双方当事人达成调解协议的书面证明。其中“编号”栏按照有关规定或者各人民调解委员会自定的办法填写。当事人为自然人的，应当填写当事人的姓名、性别、民族、年龄、职业、单位或住址、联系方式等；当事人为法人或社会组织的，应当填写法定代表人的姓名、性别、民族、年龄、联系方式、职务，“单位或住址”栏填写法人或社会组织的地址。如果纠纷涉及三方以上当事人，另加附页载明其他当事人的基本情况。“纠纷主要事实、争议事项”栏应载明纠纷简要事实，争议事项及各方请求，填写内容较多时，可附页。“协议”栏应载明各当事人的权利义务，填写内容较多时，可附页。“履行协议方式、时限”栏根据具体情况填写。“人民调解协议书”必须由纠纷各方当事人签名或盖章，人民调解员签名，加盖人民调解委员会印章，并明确填写日期。

人民调解口头协议登记表

编号______________

当事人姓名__________性别_____民族_____年龄______

职业或职务____________联系方式____________________

单位或住址______________________________________

当事人姓名__________性别_____民族_____年龄______

职业或职务____________联系方式____________________

单位或住址______________________________________

纠纷主要事实、争议事项：________________________

____

____

____

经调解，自愿达成如下协议：______________________

____

____

____

履行方式、时限____________

人民调解员（签名）____________

（人民调解委员会印章）

_____年___月___日

备注：此表由人民调解委员会填写。

使用说明：

“人民调解口头协议登记表”是纠纷当事人达成口头协议后，人民调解委员会对口头协议主要内容的记录。其中“编号”栏按照有关规定或者各人民调解委员会自定的办法填写。当事人为自然人的，应当填写当事人的姓名、性别、民族、年龄、职业、单位或住址、联系方式等；当事人为法人或社会组织的，应当填写法定代表人的姓名、性别、民族、年龄、联系方式、职务，“单位或住址”栏填写法人或社会组织的地址。如果纠纷涉及三方以上当事人，另加附页载明其他当事人的基本情况。“纠纷主要事实、争议事项”栏应载明纠纷简要事实，争议事项及各方请求，填写内容较多时，可附页。“协议”栏应载明各方当事人的权利义务，填写内容较多时，可附页。“履行协议方式、时限”栏根据具体情况填写。口头协议登记表由人民调解委员会填写，加盖人民调解委员会印章，并载明填写日期。

人民调解回访记录

当事人____

调解协议编号____________________________________

回访事由______________________________________

回访时间______________________________________

回访情况：_____________________________________

____

____

____

____

回访人（签名）__________

__________人民调解委员会

_____年____月____日

使用说明：

“人民调解回访记录”是人民调解委员会对达成调解协议的纠纷当事人进行回访，了解协议履行情况及其他有关情况的记录。其中“当事人”栏填写被访问的当事人的简要情况。“调解协议编号”栏填写回访所涉纠纷调解协议书编号。“回访事由”栏填写纠纷名称。“回访情况”栏可包括当事人对调解工作的意见、要求，协议的履行情况，协议履行发生争议向人民法院起诉及人民法院的判决结果，有无错误调解及激化迹象，采取的措施等。“回访人”是指开展回访工作的人民调解员。

卷宗情况说明

____

____

____

____

____

____

____

____

____

____

____

____

____

____

____

____

____

____

使用说明：

对案件卷宗制作情况进行的必要说明。

封 底

立卷人：________

立 卷 人： 审 核 人： 立卷日期：　　　年　　月　　日

使用说明：

封底是卷宗的末页。封底由立卷人、审核人共同签名。

编号：　　　　　　　　　　　　　　　　　　　　　　存根

人民调解员调解案件登记单

______年____月____日，调解______________、______________之间的纠纷。

纠纷是：（1）依申请调解；（2）主动调解；（3）接受委托或移交调解。

纠纷类型：（1）婚姻家庭纠纷；（2）邻里纠纷；（3）房屋宅基地纠纷；（4）合同纠纷；（5）损害赔偿纠纷；（6）劳动纠纷；（7）村务管理纠纷；（8）山林土地纠纷；（9）征地拆迁纠纷；（10）环境污染纠纷；（11）道路交通事故纠纷；（12）物业纠纷；（13）医疗纠纷；（14）其他纠纷______________

调解情况：

1. 调解成功，达成（1）口头协议；（2）书面协议。

2. 调解不成，告知当事人通过（1）行政；（2）仲裁；（3）诉讼；（4）其他途径解决。

调解员：______________

记录日期：____________

______________人民调解委员会

编号： 正本

人民调解员调解案件登记单

______年____月____日，调解____________、____________之间的纠纷。

纠纷是：（1）依申请调解；（2）主动调解；（3）接受委托或移交调解。

纠纷简要情况：____

____

____

____

调解情况：____

____

____

____

调解员：____________

记录日期：__________

________人民调解委员会

备注：1. 本单用于统计人民调解员调解纠纷工作量，由人民调解员填写。

2. 在本单相关栏目序号上打“√”。

3. 本单一式两联，正本联沿虚线裁下交人民调解员所在人民调解委员会，存根联由人民调解员留存。

______年____月____人民调解委员会
调解案件汇总登记表

填表日期：

调解员姓名	调解案件数	调解结果			履行情况		备注
		达成协议		调解不成	已履行	未履行	
		口头	书面				

填表人：　　　　　　　　　　　　　　　　审核人：

说明：本表由人民调解委员会根据《人民调解员调解案件登记单》汇总填写，作为掌握、了解调解员工作情况的依据。

人民调解组织队伍经费保障情况统计表

制表单位：　　　　　　　　　　　　　　　　　　　　填报日期：　　年　　月　　日

项目	组织情况															队伍情况																					保障情况		
	调委会总数	村委会设调委会		居委会设调委会		乡镇调委会		街道调委会		企事业单位调委会数	社会团体和其他组织调委会					调解员总人数	其中										人员构成					培训情况	表彰情况		因公伤亡情况		司法行政机关指导人民调解工作经费	人民调解委员会工作补助经费	人民调解员补贴经费
		村委会建制数	调委会数	居委会建制数	调委会数	乡镇建制数	调委会数	街道建制数	调委会数		交通事故调委会数	医疗纠纷调委会数	劳动争议调委会数	物业纠纷调委会数	其他调委会数		村调委会人数	居调委会人数	乡镇调委会人数	街道调委会人数	企事业单位调委会人数	社会团体和其他组织调委会人数					专兼职		推选聘任		文化		集体	个人	致伤	牺牲			
																						交通事故调委会人数	医疗纠纷调委会人数	劳动争议调委会人数	物业纠纷调委会人数	其他调委会人数	专职	兼职	推选（调解委员）	聘任（调解员）	高中（含）以上								
单位	个	个	个	个	个	个	个	个	个	个	个	个	个	个	个	个	个	个	个	个	个	个	个	个	个	个	个	个	个	个	个	人次	人	人	人	人	万元	万元	万元
序号	1	2	3	4	5	6	7	8	9	10	11	12	13	14	15	16	17	18	19	20	21	22	23	24	25	26	27	28	29	30	31	32	33	34	35	36	37	38	39

填报人：　　　　　　　　审核人：

人民调解组织队伍经费保障情况统计表填表说明

一、填报单位和报送要求

本表填写单位为省（区、市）司法行政机关。地（市、州）、县（市、区）司法局，乡镇（街道）司法所，各类人民调解委员会所填写报表由省级司法行政机关参照此表并结合实际自行确定。

本表报送周期为半年报和年报。半年报统计周期为本年度1月1日至6月30日，7月20日前报到司法部。年报统计周期为本年度1月1日至12月31日，次年1月20日前报到司法部。

二、指标解释

1. 组织情况：由于村、居、乡镇、街道的合并撤销，其建制数随之变化，为掌握建制数和所设调委会数，在该项中要分别填写统计期内的建制数和所设的调委会数。

2. 第15项“其他调委会数”指除11、12、13、14项所列调委会之外的社会团体和其他组织调委会。驻公安、法院等单位的调解室，属于人民调解委员会的派驻机构，不应计算在内。

3. 第17至20项中担任村（居）调委会主任并兼任乡镇、街道调委会委员的只作一次统计。

4. 培训情况：统计期内人民调解员参加县级以上司法行政机关组织培训的人次数。

5. 表彰情况：乡镇街道以上党委政府表彰、司法行政机关表彰和其他相关部门表彰人民调解委员会个数和人民调解员人数。

6. 保障情况：指司法行政机关指导人民调解工作经费、人民调解委员会工作补助经费和人民调解员补贴经费。其中人民调解委员会工作补助经费和人民调解员补贴经费（第38、39项），包括各级财政保障经费、司法行政机关划拨经费和村（居）委会、企事业单位、社会团体或其他组织为人民调解开展工作提供的工作经费。

三、数据关系

1=（3+5+7+9）+10+（11+12+13+14+15）

16=（17+18+19+20+21）+（22+23+24+25+26）

16=27+28

16=29+30

人民调解案件情况统计表

制表单位：　　　　　　　　　　　　　　　　　　　　　　　　填报日期：　　年　　月　　日

项目	调解情况																														履行情况				排查预防情况									
	调解案件总数	涉及当事人数	调解成功	疑难复杂案件	协议涉及金额	不同主体调解情况				案件来源			案件分类情况																协议形式		履行	司法确认	达成协议后起诉	法院判决维持	排查纠纷	预防纠纷	防止民间纠纷引起自杀		防止民间纠纷转化为刑事案件		防止群体性上访		防止群体性械斗	
						村居调委会调解案件数	乡镇街道调解案件数	企事业单位调委会调解案件数	社会团体和其他组织调委会调解案件数	主动调解	依申请调解	接受委托移送调解	婚姻家庭纠纷	邻里纠纷	房屋宅基地纠纷	合同纠纷	生产经营纠纷	损害赔偿纠纷	劳动争议纠纷	村务管理纠纷	山林土地纠纷	征地拆迁纠纷	计划生育纠纷	环境保护纠纷	道路交通事故纠纷	物业纠纷	医疗纠纷	其他纠纷	口头协议	书面协议														
单位	件	人	件	件	万元	件	件	件	件	件	件	件	件	件	件	件	件	件	件	件	件	件	件	件	件	件	件	件	件	件	件	件	件	件	次	件	件	人	件	人	件	人	件	人
序号	1	2	3	4	5	6	7	8	9	10	11	12	13	14	15	16	17	18	19	20	21	22	23	24	25	26	27	28	29	30	31	32	33	34	35	36	37	38	39	40	41	42	43	44

填报人：　　　　　　　　　　审核人：

人民调解案件情况统计表填表说明

一、填报单位和报送要求

本表填写单位为省（区、市）司法行政机关。地（市、州）、县（市、区）司法局，乡镇（街道）司法所，各类人民调解委员会所填写报表由省级司法行政机关参照此表并结合实际自行确定。

省（区、市）司法行政机关报送本表周期为季报和年报。季报统计周期为：第一季度从本年度1月1日至3月31日底，4月20日前报到司法部，第二、三季度，以此类推。第四季度按年报统计报送，统计周期为本年度1月1日至12月31日，次年1月20日前报到司法部。

各类人民调解委员会每月向县级司法行政机关报送，县级司法行政机关每季度向省级司法行政机关报送。

二、指标解释

1. 第1项“调解案件总数”指纠纷当事人申请调解、调委会主动调解和有关部门委托移送调解的案件总数，无论调解成功，还是不成功都应计算在内。

2. 第4项“疑难复杂纠纷”指涉及当事人众多、权利义务关系复杂、久调不结、调解周期长的纠纷，可能导致矛盾激化、群体性事件、越级上访或民事纠纷转化为刑事案件的纠纷，以及具有重大社会影响或人员伤亡的纠纷。

3. 第5项“协议涉及金额”指统计期内调解纠纷达成口头协议和书面协议，所涉及的金额。

4. 第13至28项“案件分类情况”：当一个案件涉及多个类型时，仅依其中一类属性进行统计。

5. 第13项“婚姻家庭纠纷”指家庭成员之间发生的纠纷，包括夫妻、婆媳、姑嫂、翁婿、妯娌等因生活琐事发生的纠纷和离婚、继承、赡养、抚养、分家析产等纠纷。

6. 第18项“损害赔偿纠纷”指基于民事侵权行为的赔偿责任引发的纠纷。因劳动争议、道路交通事故、医疗、物业管理引起的损害赔偿纠纷，统计在劳动争议纠纷、道路交通事故纠纷、医疗纠纷、物业纠纷栏内。

7. 第21项“山林土地纠纷”指因林权制度改革、土地承包、草场、滩涂使用等引发的纠纷。

8. 第24项“环境保护纠纷”指因施工扰民、环境污染等引发的纠纷。

三、数据关系

1 = 6+7+8+9

1 = 10+11+12

1 = 13+14+15+16+17+18+19+20+21+22+23+24+25+26+27+28

1≥29+30

1≥3

司法部发布人民调解工作指导案例（节录）[①]

案例二：

徐闻县高某与陈某邻里纠纷调解案

2020年3月初，徐闻县某乡某村的陈某购买了一台渔网编织机，将其安置于自家院子编织渔网出售。隔壁民宿房主高某找到陈某，表示近日接连有房客反映陈某家的渔网编织机作业时噪音较大，干扰正常休息。高某要求陈某将渔网编织机搬走，陈某予以拒绝，高某向某乡人民调解委员会申请调解。

调解员经过现场调查，建议高某让陈某免费在民宿住一晚，陈某家属通宵开机编织渔网，由陈某亲身体验后再进行调解。第二天，陈某向调解员表示，在机器噪音影响下心里烦躁，难以入睡。调解员适时展开调解工作，指出根据《中华人民共和国民法典》的规定，不动产权利人不得违反国家规定排放噪音等有害物质。侵权行为危及他人人身、财产安全的，被侵权人有权请求侵权人承担停止侵害、排除妨碍、消除危险等侵权责任。陈某对此表示认可。鉴于出售渔网为陈某家庭唯一经济来源，调解员建议陈某在与高某的民宿之间修建隔音围墙，在渔网编织机底部加装防震装置，中午和晚上以及国家法定节假日期间停止渔网编织机工作。高某和陈某一致表示同意，并达成调解协议。

案例编号：GDRTQT1639465424

① 来源司法部官网，https：//www.moj.gov.cn/pub/sfbgw/gwxw/xwyw/szywbnyw/202208/t20220802_461069.html。

案例三：

徐州市泉山区朱某某与王某某损害赔偿纠纷调解案

2021 年 11 月，外卖员王某某要求进入徐州市泉山区某小区配送外卖，因其拒绝出示健康码和行程码，被安保人员朱某某阻拦在小区外。双方因此发生争吵和推搡，朱某某被王某某推倒在地，后经医院诊断，朱某某胸壁挫伤。二人自行协商赔偿事宜无果，朱某某向徐州市某公调对接人民调解委员会申请调解。

调解员在播放监控录像还原事发情况的同时，向王某某指出，其争分夺秒配送外卖可以理解，但疫情特殊时期进出小区应配合安保人员的正常核查，徐州市疫情防控应急指挥部紧急发布的通告中规定，严格非封控区和非管控区的其他小区（村）出入管理，落实进出人员和车辆登记、体温监测、查验健康码和行程卡等措施。朱某某要求王某某出示健康码和行程码符合疫情防控要求。根据《中华人民共和国民法典》的规定，侵害他人造成人身损害的，应当赔偿医疗费、护理费、交通费、营养费、住院伙食补助费等为治疗和康复支出的合理费用，以及因误工减少的收入。王某某动手伤人造成朱某某人身损害，理应赔偿朱某某因此产生的各项损失。王某某表示认识到自己的错误，应当配合疫情防控要求，并向朱某某表示道歉。调解员随即协助双方就赔偿金额进行协商，双方最终达成一致意见并签订调解协议。

案例编号：JSRTQT1640140361

案例四：

衡阳市侯某某与某银行金融纠纷调解案

2020 年 3 月，侯某某在网上申请了某银行信用卡，网上初审通过后，侯某某前往某银行营业部进行身份核查及手续确认。因侯某某系盲人，无法本人签字，不能按照一般信用卡申请流程办理业务，某银行未为其发放信用卡。侯某某对某银行业务流程提出异议，并与某银行产生纠纷，侯某某向某金融消费纠纷人民调解委员会申请调解。

为维护侯某某的合法权益，调解员邀请了市残联肢残协会工作人员参加调解。调解员向某银行进行释法明理，指出根据《中华人民共和国商业银行法》的规定，商业银行与客户的业务往来，应当遵循平等、自愿、公平和诚实信用的原则。《中国人民银行金融消费者权益保护实施办法》规定，银行、支付机构应当尊重社会公德，尊重金融消费者的人格尊严和民族风俗习惯，不得因金融消费者性别、年龄、种族、民族或者国籍等不同实行歧视性差别对待，不得使用歧视性或者违背公序良俗的表述。盲人客户只是行为受到了限制，权利并没有丧失，某银行设置的信用卡发卡规定没有考虑到盲人等特殊群体的需求。调解员建议某银行采取适合盲人的方式进行身份核查，某银行表示接受调解员的建议，采用录音录像和口述的方式对侯某某进行了身份核查，并为其发放了信用卡。双方矛盾纠纷得到妥善化解。

案例编号：HNXRTHZ1621850620